UNITE!

そうだ労組、行こう。

藤田 和恵・寺間 誠治 編著
Kazue Fujita　　Seiji Terama

学習の友社

プロローグ

かつてない激動の時代——湧き上がる新しい労働運動

「働き方改革」「人づくり革命」など政府主導の威勢の良い掛け声がメディアを賑わし、改革派、革新派は労働者・労働組合の側ではなく、むしろ政府や自民党だと誤解されるような状況がこの間、醸し出されてきた。

しかし、今や状況は一変した。裁量労働制のデータ偽装、防衛省のイラク派兵「日報」の隠ぺいや「加計学園」疑惑の新文書などが次々と明らかになり、労働者・国民の中で「ちょっと違うんじゃない?」と疑問が生じ、世論も大きく変化する情勢となった。安保法制反対で国会前を埋めつくした新しい市民の運動は脈々と続いており、安倍政権を一歩一歩追い詰めている。

労働の現場では有期雇用も5年経過で無期雇用への転換権が発生するという改正・労働契約法さえすり抜ける違法・脱法行為が、自動車・電機産業の大企業だけでなく大学や研究機関でも提案され、大きなたたかいとなった。働き方の現実は、派遣、有期雇用労働など非正規労働の増加が止まるところを知らない。「ブラック」な労働が蔓延する中で、労働者は悩み葛藤しながらも人間らしい生き方、働き方をめざし、誇りを持って働けるよう苦闘している。労働者は、共につながり声を上げることによって職場と地域、社会を変えることが出来る。「つながること」すなわち労働組合に結集するつながりを組織するために、本書で紹介する草の根からの活動がある。

ルポルタージュや後半のトークにあるように、北海道労連や東大教職員組合は、企業内だけでなく広く社会に訴えることによって、地域の共感をかちとり、有期雇用の無期転換化を実現した。「裁量労働制反対」「最低賃金を1500円に」をスローガンに、エキタスに結集する若者たちのパフォーマンスも世論を変え労働運動に新たな息吹きを吹き込んでいる。

「ブラック」な働き方を一掃するために、労働者・労働組合が力を合わせ、広範な国民と連帯して労働の規制緩和にストップをかけよう。そのためには労働組合運動を地域から社会的運動としてたたかう以外にない。

連帯の回路としての労働組合運動の新しい流れは着実に作られつつある。本書は、気鋭のライター藤田和恵による「最賃・反貧困、権利確立、社会的公正めざすエキタスの挑戦」とした最新ルポを冒頭に掲載した。さらに、藤田氏と、機関紙活動家でありライターの上野邦雄、木下芳宣、坂本誠一、西岡健二の各氏が『月刊全労連』に「きらり労働組合」として連載してきた18本の優れたルポを再掲するとともに、地方組織で活躍する第一線活動家による座談会を新たに掲載した。

情勢は、かつてない激動の時代に入った。

各地の貴重な取り組みを躍動感あふれる最新のルポルタージュや座談会を掲載した本書から、運動前進へのヒントを汲み取っていただきたい。ここには、草の根から「敷き布団」（上智大学・中野晃一）の役割を担ってきた全労連運動の真価がある。本書が、労働運動に新たな展望を見出すための書としてたたかいの一助となればと願ってやまない。

寺間誠治　（2018年5月1日）

もくじ

第1部

第1部〈ルポ〉

最賃・反貧困、権利確立、社会的公正めざすエキタスの挑戦

ジャーナリスト　**藤田和恵**

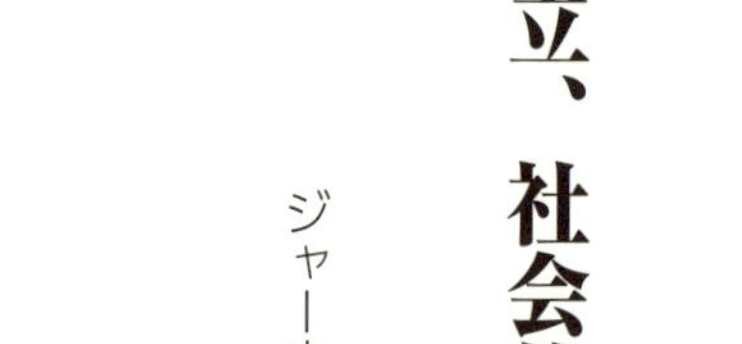

※第１部および表紙写真：藤田和恵

「裁量労働制は、いらない！」

「働かせすぎ、いますぐやめろ！」

「毎日、毎晩、残業させるな！」

「働いた分のカネくらい払え！」

「生活、苦しいやつ、声上げろぉ！」


この日は終日曇。灰色の厚い雲と、腹に響くラップのリズムが意外にもマッチした。サウンドカーの上、黒系のファッションでまとめた若者たちがコールを先導する。その後を、バナーやタンバリン、ドラムを持った人たちが続く。プラカードには「最低賃金は¥１５００」「定額働かせ放題やめろ」といった日本語に加え、「BOTTOM UP OUR WAGE OUR LIFE」など英語による訴えもみられる。

沿道では、パレードのような一行に驚いた表情を見せる人もいれば、並んで歩きながらスマートフォンで撮影する外国人もいる。歩道橋を見上げると、鈴なりになって行進を見送る人々。ある男性

が、参加者が配っていた手のひらサイズのリーフレットが欲しいと声をかけてきた。別の若いカップルはしばらくコールに耳を傾けた後、このリーフレットを読みながら、駅改札へと向かって歩いていった。

新しい運動が始まる予感

2018年2月25日、東京・新宿。安倍晋三政権が成立を目指していた「働き方改革関連法案」に反対するデモが行われた。主催は若者らでつくる団体「AEQUITAS（エキタス）」。この日、デモの進路を先導した1人藤井久実子さん（30代）は2年前、初めてエキタスのデモに参加した時のことをこう振り返る。

「サウンドカーが金色の風船でおしゃれにデコレーションされていたんです。キラキラして楽しそう——。新しい運動が始まるんだと感じました」

典型的な就職氷河期世代。勤務先のほとんどは非正規雇用で、時給はどこも最低賃金水準だった。アパレル会社で正社員として勤めたこともあったが、サービス残業と週末出勤が当たり前の職場で、体調を崩して退職を余儀なくされた。

「毎月の家賃を払うのが本当に大変です。（雇い止めなどで）仕事が途切れても、『やりたい仕事』なんて言ってられない。とにかく働かなきゃ、家を追い出されてしまう。結局、（条件の悪い）アルバイトや派遣を繰り返すしかないんです」

最初から、いわゆる労働問題に関心があったわけではなかった。派遣社員だったころ、「労働組合があっていいですね」と話しかけた正社員から、「派遣の人は（加入は）ダメですよ」と返された時も、そんなものかなと思っただけだった。生活が苦しくなると、自分の就職活動の方法やスキルに問題があるのかなと思い詰めたこともあったという。

日々の貧困に追い立てられる中、転機となったのは、２０１１年3月に起きた東日本大震災だった。この時、百貨店の服飾売り場で販売員をしていた藤井さんは、震災発生のわずか数日後には上司から「後ろ向きなことは言わない。明るく接客するように」と指示され、売り場に立たされた。しかし、世の中には原発事故の真っただ中にいる人がまだ大勢いる。そんな中、「復興」「頑張ろう」という空気を押し付けられることに違和感を覚えたという。

だから、ネットなどで見知っていた反原発デモに実際に足を運んでみた。路上を埋め尽くす何万人もの人波に圧倒されながらも、「自分と同じ思いの人がこんなにいるんだ。私たちは、声を上げていいんだ」と心が動いた。

その後、反原発デモがあれば参加。さらに、そこで知り合った人たちとともに、反レイシズムのデモなどにもかかわっていくようになった。これまで会社組織にも、労働組合にも排除されてきた藤井さんにとって、そうした活動は初めての拠り所でもあった。反原発デモは首相官邸前の金曜デモに発展、２０１６年にはヘイトスピーチ解消法が施行。路上からの要求が形になっていく——。これもまた初めて味わう充足感だった。

そんな中、顔見知りになった人たちの一部がエキタスという団体をつくり、最低賃金の１５００円への引き上げを訴えるデモを計画していると聞いた。反原発から反ヘイト、そして、仕事とおカネの問題へ――。「今度は、自分の一番の心配事がテーマになるんだ」。藤井さんがエキタスの中心メンバーの1人となるのは、自然な流れだった。

夢とリアリティーがある最賃1500円

エキタスが発足したのは2015年9月。反原発運動をきっかけにつくられたネットワークの中で、アメリカでファストフード店員らが始めた最低賃金時給15ドルを求める運動「Fight for 15（ファイトフォー15）」を日本でもできないかと、盛り上がったことがきっかけだった。エキタスとはラテン語で「正義」「公正」の意味。労働問題を軸に日本社会の不公正をただしたい、との意思を込めた。中心となったのは大学生や非正規労働者など20代の若者たち。2015年10月、早速、東京・新宿で「生活まもれ！　上げろ　最低賃金デモ」を行った。

この時のデモでは、「団体の旗や幟（のぼり）」の持ち込みを控えるよう訴え、事実上、労働組合旗の持ち込みを禁止した。既存の労働組合に拒否感を抱く若者たちにもまずは参加してもらおうと考えたからだ。しかし、一部の団体からは反発も受けた。

賛否両論あった判断だったが、赤字に白抜きで「団結」「○○労働組合」などと書かれた組合旗が林立していないデモの光景はたしかに新鮮だった。従来のデモにつきまとう「動員された感じ」に代わり、若者が自発的に立ち上がったというメッセージを伝えることにも成功。何より、これまでこうした問題に関心がなかったり、一部の労組から見放されたと感じてきたりした人々にとって、デモ参加のハードルが下がったことは間違いない。

その後も継続的にデモを実施。こうした声を無視できないと思ったのか、同年11月には、安倍政権が最低賃金を1000円に引き上げるとの目標を打ち出した。

メンバーたちは、「『最低賃金1500円』は、ちょっと夢があると同時に、リアリティーがある」という。こうした主張に対しては「高すぎる」「それでは会社がつぶれてしまう」といった批判が付きまとうので、彼らは最賃アップを訴える時は、必ず「中小企業に税金をまわせ」などの主張をセットで展開している。

また、最賃1500円の主張には「甘えている」「まずは自分のスキルを上げるべき」といった声もあるが、そもそも現在の最低賃金では、フルタイムで働いてもまともな生活ができないのは事実である。労働者全体に占める非正規労働者の割合は4割近い。さらに残業代未払い、有休が取れない、従業員を個人事業主扱いにして使い捨てるといった脱法、不法行為も野放しにされている。若者たちの間から「最低賃金1500円」との訴えが出るのは当たり前であり、分不相応でも、甘えでもない。


エキタスのもうひとつの特徴は、特定の場所で定期的に会議を開いたり、「代表」「委員長」といった組織上の役職を設けたりしていないことだ。現在は、15人ほどの中心メンバーが対等な関係でもって、ツイッターなどのSNSを通し、デモやイベントを企画したり、次はどんなコールにするかといったアイデアを出し合ったりしているのだという。

系統だった組織を持たず、SNSのつながりを活用することのメリットの一つは機動力である。中でも、目を見張る反射神経を見せたのは、NHKのニュース番組で取り上げられた「貧困女子高生」

へのバッシングに対する抗議行動だった。

２０１６年8月、ＮＨＫが経済的な事情から進学をあきらめざるを得ないという女子高生を取り上げたところ、放送直後よりネット上は「部屋にアニメグッズがたくさんある」「高価なペンセットがあった」などと〝炎上〟。また、彼女がツイッターで観劇やランチを楽しんだとつぶやいたことに対し、「インチキ貧困者」「豪遊発覚」といった非難が殺到した。挙句、片山さつき参議院議員がツイッターで「チケットやグッズ、ランチ節約すれば中古のパソコンは十分買える」と発言するなど、女子高生叩きに加担する政治家まで現れたのだ。

「あなたは独りじゃない」と伝えたい

これに対し、エキタスは速攻でデモを行った。同年8月27日、放送日から10日足らず。小雨まじりの東京・新宿。メンバーの1人栗原耕平さん（22）がマイクを握った。

「女子高生は今、どんな気持ちでいるでしょうか。あなたは何も間違っていないと伝えたい。（片山議員の発言は）貧困は恥ずかしいことだという風潮を強め、当たり前の権利を訴えることを困難にさせる行為です。生活に困っていたら、ライブや映画、観劇に行ってはいけないのでしょうか。そのささやかな余裕は人間らしい生活に不可欠なものです。貧困バッシングは許されない、怒っている人がいるのだということを可視化させましょう」。

わずか数日間の呼びかけにもかかわらず、この日は約500人が集結した。参加者たちは街を練り歩くと同時に、スマートフォンでデモの様子を撮影。ツイッターやインスタグラム、フェイスブックなどあらゆるSNSへと上げまくった。女子高生を独りにはさせない——。そんな意思と怒りを路上だけでなく、ネット上にも拡散させたのだ。

話は少しずれるが、最近、取材で出会った貧困状態にある人が社会や政治への不満を口にしないことが増えたと感じる。それまでは質問に答えてくれていた彼らが自身の不満、要求の話になると途端に言葉を濁すのだ。理由を尋ねると、決まってこの貧困女子高生への一連のバッシング問題の話になる。

母子家庭で育ち、多額の奨学金を借りて東京の有名私大に進学、アルバイトに追われるある大学生は「貧しいと訴えただけであそこまで叩かれるとは……。僕も『それ、離婚した母親のせいだよね』『東京の私大なんかに入ったお前が悪い』と言われるんじゃないか。そう思うと、周りにも自分のことは話せなくなった」と言った。

一人ひとりの選択はベストではなかったかもしれないし、100%の努力まではしなかった人もいるかもしれない。しかし、罰せられるべきなのは彼らではない。本当に悪いのは、低すぎる賃金水準や、経済的な理由で選択肢が制限されてしまう不平等を放置する政治や社会なのではないか。飢え死にしそうになるまで文句は言うなと言わんばかりの安易な貧困バッシングは、一部の政治家を喜ばせ、一方で弱い立場にある人たちに沈黙を強いている。

目指すのはユニオンとの連携

　話を栗原さんに戻す。彼はワーキングプアやユニオンについて学ぶ大学生。周囲には生活費や学費のためにスーパーやコンビニでアルバイトをしている学生は少なくない。中には、商品の買い取りノルマを課されたり、早朝・深夜勤務を強いられて過労で倒れたりする人もおり、いわゆるブラックバイトは身近な問題だという。

　貧困バッシングが起きる背景について、栗原さんはこう語る。

「最近、『ハードワーキングプア』という言葉が使われるようになったように、今まで以上に強烈、劣悪な状況で働かされる人が増えてきています。一生懸命に頑張っても、それに見あった生活ができない彼らにとって、苦しいと訴えたり、助けを求めたりする人は『お前たちだけ楽しようとしやがって』というふうに映るんじゃないでしょうか。近ごろは、貧困だけじゃなく、障害者とか、透析患者にまでもその矛先が向いていますよね」。

　こうしたバッシングは当然、エキタスにも寄せられる。「なんで生活困難なのに（デモに参加する）時間や交通費があるんだ」「デモやる暇があるなら働け」など。

　こうしたエキタス叩きに対し、栗原さんは「まったく気にならない」と受け流す。「ネット上でのバッシングは僕らが狙っていることでもあります。それだけいろいろな人たちの目に触れ、関心を持ってもらえたということの表れですから。僕らは、当事者がなかなか言えないことを、デモなどを通して伝えています。バッシングされたら勝ち、くらいの感覚です」。

　不特定多数の人々とかかわるＳＮＳを利用する時は、受け流す力「スルースキル」が大切だといわれる。一方で、中高年世代を中心に長年、市民運動にかかわっている人や、いわゆる学識者と言われるような人たちの中には、バッシングに過剰に反応したり、委縮したりする人が意外に多いように見える。しかし、生まれた時からインターネットが身近にあった若者たちは、さすがにSNSとの付き合い方、距離の取り方を心得ている。

栗原さんは今後、エキタスが目指すべきは、ユニオンとの連携だという。「最終的にはユニオンの組織力や規模を大きくすることにつなげていきたい。非正規問題などをないがしろにしてきた一部の企業内労組もあり、労組への社会的信頼が低下したのは事実です。でも、経済や生活の問題をちゃんと解決していくためには、やっぱりユニオンの力が必要だと思っています」。

そんな理想に向けて一歩踏み出したのが、2017年4月15日に行ったデモである。この時、エキタスは初めて労働組合の旗や幟の持ち込みを解禁。エキタスのデモスタイルや主張がある程度、浸透したと考えたからだ。これに先がけ、メンバーたちは30近い労組を回り、参加を呼び掛けた。

アポを取り、直接事務所まで足を運び、労働組合旗の持ち込みを禁止した経緯を説明、誤解があればそれを解き、連帯をよびかける――。一筋縄ではいかない準備をやり遂げたことで、エキタスはSNSを通した緩やかなつながりだけではない、立場の違う人々を説得し、根回しもできる――。そんなタフな一面を見せた局面でもあった。

不幸比べは、もうやめよう!

苦労のかいあって、この日は、東京土建や東京東部労組、連帯ユニオン、東京管理職ユニオンなど多数の労働組合が旗や幟を持って参加した。節目となったデモについて、創設時からのメンバーの一人藤川里恵さん（25）は「労働問題を解決するには労働組合の力が欠かせないということは、最初からメンバーの中で共通認識としてありました。私も労組の人と一緒にデモができてうれしかったし、労組の人にもエキタスのデモの雰囲気を味わってもらえた。沿道の反応もこれまでになくよかった」と振り返る。

この日は藤川さんもサウンドカーの上で演説をした。

「貧困って、選択肢奪われているんですよね。怒り、奪われているんですよね。だから『働いた分のカネを寄越せ』ということは恥ずかしいことじゃない。自立するためにはカネがいるんです」

「私たちはだいたいが労働者で、だいたいが貧困だけど、『清く、貧しく、美しい』わけじゃない。清貧な同情できる当事者像なんて、私がぶっ壊してやる！」

藤川さんは取材に対し「誰かに『もっと頑張れ』とか、『闘え』とか、『勉強しろ』とかいうつもりはないんです。なぜなら、みんなもう限界まで頑張っているから」と言っていた。そして、こんなユニークな持論を展開するのだ。「限界まで頑張っている人に、さらに余った時間や気力を使って闘おうと言うのではないんです。そうではなく、ゲームとか、コミケ（コミックマーケット）とか、好きなことをする時間を得るために闘おうと言うんです。だって、そのほうが人間的だと思いませんか？」。

彼女自身もアニメファン。だから、この日の演説では、労働組合の人々に対し、こんなふうにエールを送った。

「こう言ってくれ、労働組合！『こんなに残業して、こんなに少ない賃金じゃ生活できない。こんな働き方じゃダメだ。もっとゲームできるように、会社を、社会を変えるために、あなたと一緒に闘うよ』って。そう言ってくれよ！」

切々と、腹から絞り出される声。緩急のついた、時に挑戦的なセリフには行きかう人の足を止めさせる迫力がある。高校時代は演劇部に所属していたという。

藤川さんは自らを貧困当事者だという。大学は奨学金を借り、アルバイトを掛け持ちしながら通った。卒業後は正社員として就職したが、手取りは14万円。今も250万円近い借金が残る。自らの経験をふまえ「『失業できる権利』が必要だと思います。何でもいいから仕事を、じゃダメ。安く使い倒されてはいけない」と訴える。

そのために、藤川さんは今後は保育や教育、医療、介護など社会保障にかかわることも運動のテーマにしていきたいという。「最賃1500円と同時に、失業給付や家賃保証など社会保障制度全体を考え、社会構造を変えていくような運動が必要。『最低賃金を1500円に上げろ！』のようにインパクトがあり、誰にでも分かりやすいフレーズがないか、いま考えているところです」

ユニオンとの連携、社会保障問題への取り組み――。グループの未来を、メンバー一人ひとりが自由に語れるのもエキタスの特徴のひとつである。今、こうした若者グループによる「路上からの訴え」は札幌や長野、東海、京都などにも広がりつつあるという。

エキタスのロゴマークは黄色地に、上に向かって伸びた手が何かをつかみ取るデザインである。その手が得るものは、最低賃金1500円なのか。明日を生きる力なのか。

最後は藤川さんの演説で結びたい。

「不幸比べも、我慢大会も、もういい加減、終わりにしませんか？　もう十分だろう！　おかしいことはおかしいと言っていいでしょう？　だれもが当たり前に生きられる社会にしましょうよ」

第2部

ルポ きらり 労働組合

上野邦雄
木下芳宣
坂本誠一
西岡健二
藤田和恵

〈提供〉
『月刊全労連』

※記事中の表記（年月日、人名・役職、団体名など）は、原則として『月刊全労連』掲載時のものです。

1

陸前高田の自治体・医療労働者〈岩手県〉

被災地で、地域住民との結びつきを大切にして

「あんたがたが頼りなんだからな」

「消費税増税より復興第一」「復興に力を注いでまいります」。衆議院選挙（2012年12月16日投開票）の真っ只中、街中のあちこちで、選挙カーからアピールする声が交差する。それらの選挙カーと猛スピードですれ違っていくのは、土砂や生コン、建築資材を積んだ大型車両だ。舞い上がる土煙の中、道行く人々の多くがマスクを付けている。高台地域に目をやると、真新しい住宅が一戸、また一戸とでき上がりつつあった。

景勝地・高田松原《たかたまつばら》で知られた岩手県陸前高田市《りくぜんたかたし》。東日本大震災の津波により、10人に1人が犠牲になったといわれる街はようやく、復活の糸口をつかみつつあるようにも見えた。

一方で、陸前高田市職員労働組合（陸前高田市職労、自治労連加盟）の菅原正弘委員長は「復興」の生みの苦しみをこう打ち明ける。

「労組としての活動は今も決して順調とはいえません。市役所では、臨時や嘱託も含めると120

陸前高田市役所（左：現在、右下：津波被害を受けた旧施設）

陸前高田市職労の菅原正弘さん（左）と阿部勝さん（右）

人以上の職員が亡くなりました。組合役員も書記長と書記次長、会計の３人を失いました。震災直後の時間外手当など、とても議論できる状態ではありませんでしたし、定期昇給についても凍結されたままです。住民のためにも何かやんねば、という気持ちはあるんですが…」。

市役所は津波の直撃を受け、現在は仮設のプレハブ庁舎に移転。市職員は、菅原委員長をはじめ全員がグレーや青の防災服姿で、通常業務に加え、高台移設や防潮堤整備、区画整理などの復興業務に追われ、庁舎の明かりは連日、深夜まで消えることがない。

果てしない激務の中、労組としては、組合員らの共済金やさまざまな給付金の請求手続きを手伝ったり、自治労連からの人員支援を受けながら、広報を各戸に配ったりすることが精いっぱいだったという。

それでも、２０１２年８月、空席となっていた労組役員を選出すると、同年12月には早速、全職員約３００人を対象に「生活と仕事のアンケート」を実施。15項目にわたる質問では、賃金や勤務形態に限らず、日常生活における出費やメンタルヘルスに関する状況など幅広くフォローした。

「市職員には非正規もほかの自治体からの派遣もいます。さまざまな立場の職員たちのニーズや悩みを把握することで、少しでも働きやすい職場をつくりたい」（菅原委員長）。

さらに、陸前高田市職労には地域住民とのゆるぎない絆という強みもある。

私がここ数年、取材した自治体の足元では、公務員バッシングが激しく、住民にとって自治体職員はもっぱら批判と怨嗟の対象だった。陸前高田市とは別の東日本大震災の被災自治体ですら、職員らからは「残業していたら『電気の無駄遣いだ』と電話がかかってきた」、「1ヵ月ぶりに代休を取って喫茶店に入ると、『サボっていた』と密告された」といった話を聞いた。

それに対して、陸前高田市では、職員たちは住民から「ちゃんと休んでっか?」「あんたがたが頼りなんだからな」と声をかけられることが多いという。

背景には、陸前高田市職労が長年、地域住民とのかかわりを大切にしてきた経緯がある。

同市では、2006年、全国で初めて「憲法9条改悪に反対する署名」が住民の過半数を超えた。陸前高田市職労の働きかけで、市地域女性団体協議会やいわて生協けせんコープなどが実働部隊となり、1万3240人もの署名を集めたのだ。このほかにも、公共サービスや施設のあり方を考える市民団体の発足・運営に、労組関係者が一市民としてかかわったり、自治体合併を考える学習講演会を開いて市民に参加を呼びかけたりしてきた。

陸前高田市職労前委員長の阿部勝《まさる》さんは自治体労組の役割についてこう語る。

「組合員の待遇改善はもちろんですが、市民や地域とどう結びついていくかも大切です。陸前高田市職労では、『平成の大合併』の時も、保育園の民営化や公立病院の縮小問題の時も、住民と一緒に問題を考えてきました。僕らには住民から信頼されているという自負があります。もちろん、市職員が民間と比べて賃金水準や雇用が安定しているのは事実ですし、住民からの苦情を受けることはありますが、理不尽な批判は少ないように思います」。

地域医療を守る県立高田病院の再建に向けて

津波被害を受けた県立高田病院

震災後、異例のスピードで再開を果たした岩手県立高田病院の職員。看護師の鈴木さとみさん（左）、大浦宏子さん（中）、理学療法士の金野昌代さん（右）

労組にとって地域住民との結びつきという財産を最大限に生かし、地域医療を守る運動につなげているのが、岩手県立高田病院だ。

私が取材のため、被災後に高台の民有地に移転した仮設病院を訪れた時、看護師たちがこんな会話を交わしていた。

「今日、病院を解体してたら、また見つかったんだって」

「えぇーっ、また？」

「患者さんかね？」

「違うと思うよ。どっかから流されてきた人じゃないかな」

解体中の病院のがれきの間から新たに遺体が見つかったのだという。陸前高田で暮らす人々の間では、まだ、こんな会話が当たり前のように交わされていた。

一方で、高田病院の再建に向けた動きはすばやかった。

震災から4ヵ月後の2011年7月には仮設施設で外来診療を再開、2012年2月には入院機能を復活させた。また、市内では、皮膚科と整形外科は民間の開業医が担ってきたが、いずれも被災して再開が難しくなったことから、高田病院が両診療科を新設、患者を引き継いだ。さらに、この間、新たに医師が着任するなど常勤医の人員は手厚くなったという。

同じく被災した岩手県立病院のうち、大槌《おおつち》病院（大槌町）と山田病院（山田町）が医師不足に悩み、病棟再開のめどが立っていないのと比べると、異例のスピード復活といえる。

岩手県医療局労働組合（県医労、医労連加盟）高田病院支部の書記長で、看護師の大浦宏子《あつこ》さんは「皮膚科や整形外科ができたことで、外来患者は増えましたし、震災で家族を失った結果、入院が必要になる高齢者もいるなど、県立病院へのニーズは高まっています」と話す。

また、同労組支部長で診療放射線技師の臼井寛正さんは「まだ足りない機器もありますが、パソコンを駆使してなんとか震災前と同じ水準を保つよう工夫しています」、理学療法士の金野昌代さんは「以前は、寝たきりの高齢者がほとんどでしたが、整形外科ができてからは術後患者のリハビリも増え、毎日が試行錯誤です」とそれぞれ語るなど、職員たちは限られた設備と人手の中でも、やりがいを感じているようにみえる。

高田病院の活気について、看護師の鈴木さとみさんは「住民の人たちとのつながりを持ち続けてきたことが大きいと思います」と話す。

高田病院では、２００３年、岩手県の病院縮小計画に反対するため、陸前高田市職労が事務局となって「県立高田病院を守り発展させる市民の会」を発足。女性団体やＰＴＡ連合会、青年会議所などさまざまな組織を巻き込みながら、病院側と懇談会を重ね、研修医を同会会員の自宅にホームステイさせたり、市民が足の不自由な患者の誘導ボランティアを務めたりといった「実績」を重ねてきた。震災後も、病院側が住民との意見交換を兼ねた巡回健康講演会を年間30回も開き、地域と一体となった運営姿勢を貫いた。

高田病院では、石木幹人院長も「在宅医療や急性期病院退院後の受け皿として、陸前高田には入院機能を備えた病院が絶対に必要です」と述べるなど、市民の会の主張に足並みをそろえる。病棟再開や医師確保では、院長自らが岩手県庁に熱心に働きかけたことも大きかったが、労組が裏方となって病院と住民との間に築いてきたパイプを通し、震災後の地域住民のニーズを迅速、正確に提供したことも重要な役割を果たしたという。

また、県医労高田病院支部では、看護補助や臨時看護師ら非正規職員の組織化にも力を入れている。大浦さんは「理不尽な雇い止めを防ぐことが一番の目的です。同時に、有効な36《さぶろく》協定を結ぶためには職場の過半数の組織化が必要なので、今後は非正規との連携が欠かせません」という。震災で雇用が不安定化する中、雇い止めは働き手にとって死活問題でもある。「これまでに本格的な雇い止め闘争は起きておらず、組合加入が安易な首切りの抑止力にもなっています」（大浦さん）。

被災した子どもの成長を見守って

自治体や公立施設における非正規職員は全国的にも増加傾向にあり、現在は3人に1人に上るともいわれる。賃金水準が低く、雇用も不安定な彼らは官製ワーキングプアと呼ばれ、中でも、保育士職場では、すでに全体の5割が非正規職員であるという。

陸前高田市の公立保育所でも正規と非正規の割合は半々だ。ただ、別の被災地では、津波で保育所が流失して人員が余ったとして、非正規保育士がいっせいに雇い止めされる事例が散見されたのに対し、同市では、こうした大量の雇い止めは起きていないという。

高田病院と同じく、陸前高田市職労の組合員らが発足にかかわり、公立、法人保育所の職員や保護者らが中心となってつくる「陸前高田市保育をよりよくする会」がチェック機関としての役割を果たしているからだ。同会では、非正規保育士への通勤手当支給や、公立と法人間の給与格差是正などの取り組みにも力を入れてきた。

ほかの自治体と比べると、恵まれた環境にある陸前高田の保育職場だが、一方で子どもだけでなく、保護者とも家族ぐるみで密接な関係を築いてきたがゆえに、津波被害の直後という特殊な状況下では、時に想像以上に大きな精神的負担を強いられることもあったという。

津波の残酷さは、被害の度合いが人によって天と地ほどに分かれることだ。保育士や子どもたちの家庭の中にも、家族も家も無事だった人もいれば、家族も家も失った人もいる。

ある関係者は「中には、家族の遺体の一部しか見つかっていない家庭もあれば、園児と同じ年頃の子どもを失った保育士もいます。そんな中、他人の子どもの成長を見守る仕事はきれいごとだけではこなせません。保育士も、保護者も、多くを失った人ほど明るく振る舞うんです。でも、それだけに、どう言葉をかけ合ったらいいものなのか」と戸惑いを隠さない。

昼寝の時間、子どもたちに寄り添う保育士の菅野香さん（場所は、陸前高田市立矢作保育所）

陸前高田市職労の執行委員で、津波で父親と家を失った保育士の菅野香さんも「とにかく、『普通の生活』がしたい、させてあげたい。でも、実際には、『普通の生活』をするふりをするだけで精いっぱいなんです」と言う。

震災時は、津波で流された今泉保育所に勤めていた。地震が起きた時、泣き出す子どもはほとんどおらず、懸命に保育士の指示に従う様子に、あらためて子どもたちの知恵と生命力に驚かされた。今はまだ、子どもたちを怯えさせないため、避難訓練時にベルを鳴らさないようにするなど、「普通の生活」には及ばない。それでも最近はふとこう感じることもあるという。

「家にこもっていたら、落ち込んでいたと思います。子どもたちの元気な姿を見ることで、私も笑える。この仕事を選んでよかったなと思います。組合としての活動はまだまだですが、まずは、安心して子どもを預けていられると言ってもらえる保育所にしたい」。

前委員長の阿部さんはこう言って、組合員の気持ちを代弁する。

「市民の生活や職場の環境が劇的によくなることなんてありません。華やかなものは何もないんです。でも、僕たちは、僕たちができることを、それぞれの職場で目いっぱい頑張っています」

津波に多くを奪われた街は確かに、復興への歩みを進めていた。ただ、そこで暮らす人々は、前進することの喜びよりも、成果が見えづらいことへの戸惑いや歯がゆさのほうをより強く感じているのかもしれない。

陸前高田を訪れた日は雲ひとつない快晴だった。かつてあった市街地から臨む海は地震のことも、津波のことも何ひとつ知らないかのように青く、静かだった。

（**藤田和恵**／『月刊全労連』２０１３年2月号掲載）

2

航空労組連絡会　日本航空労働者

破綻口実の人減らし「合理化」のもと職場のたたかいで空の安全を守る

パイロットの養成訓練再開へ

パイロットの養成訓練、再開へ——。

日本航空（ＪＡＬ）の社内がこんな朗報にわいたのは、２０１２年10月10日。この日、航空連・日本航空乗員組合（ＪＦＵ）と会社幹部による経営協議会で、会社側は「ライセンス未取得訓練生の訓練中止撤回」と「副操縦士昇格訓練の再開」の方針を示したのだ。

さかのぼること2年半の２０１０年6月、会社更生の手続きに入っていたＪＡＬは、養成の初期過程で、訓練に必要なライセンスを取得できていない訓練生約１３０人の養成を中止することと、すでにライセンスを取得している訓練生約１５０人の訓練を5～7年間、中断することを決めた。赤字路線からの相次ぐ撤退によりパイロットの必要人員が減ったことや、訓練費用を削減することが目的とされ、訓練生らは地上職などへと転職させることで、解雇だけは何とか回避された。

しかし、ＪＡＬのパイロット訓練生といえば、空を飛びたいとの夢を抱き、難関を突破して入社し

日本航空乗員組合の訓練中止撤回を求める団体交渉に
職種の枠を超えて433人が参加した（2010. 6 .29）

てきた若者がほとんどだ。長引く不況の下とはいえ、「首さえつながればいい」と割り切れないのが、多くの訓練生の本音だった。

このため、日本航空乗員組合は、即、訓練中止の撤回を求めて会社側との団体交渉を開始。この時、訓練生たちが自らメールや電話を駆使し、同期や先輩に団交への参加を呼びかけたところ、2010年6月29日の団交には、パイロットや客室乗務員、整備士、地上職員など職種を超えた約430人が集結し、会場は「立ち見」の参加者が出るほどの熱気にわいた。

会場前方の椅子に座って不安そうな表情で会社側と対峙する訓練生たちの後ろに、大勢の組合員が立ったまま、二重、三重に取り囲んだその様子は、まるで、社員が一丸となって若い訓練生たちを守ろうとしているようにも見えたという。

団交後の集会では、「JALに裏切られたという気持ちでいっぱいになった」「このことを親に伝えるのが一番辛かった」「入社の時には『信頼されるパイロットになってください』と言われたのに…」と涙を流す訓練生がいた一方で、「多くの人に支えられていることを感じ安心しました」「こんなに後輩のことを思って来てくれている先輩と将来、一緒に空を飛びたい」との声もあがったという。

以後、団体交渉は断続的に続けられた。そして、養成訓練の中止決定から2年4ヵ月。「訓練再開」の知らせは、労組にとってようやく勝ち取った成果でもあった。

日本航空乗員組合の副委員長で、副操縦士の三星宗弘さんは一連の経緯をこう振り返る。

「（訓練生という）一番弱いところから切り捨てようとする会社側のやり方を絶対、許してはならないという思いで交渉にあたってきました。ただ、当時、彼らに『絶対に訓練は再開されるから』という約束まではしてあげられなかったことが歯がゆかったし、つらかった。この間、およそ100人の訓練生が退職していきました。中にはパイロットの夢をあきらめ、航空業界とはまったく関係ない仕事に就いた人たちもいます。

一方で、今回の訓練再開は、訓練生たちがばらばらに訴えていては、実現は難しかったでしょう。働き手が団結して声をあげる労働組合があったからこそ勝ち取ることができた『成果』だったと思っています」

訓練再開は破綻以後、リストラや合理化のしわ寄せにあえぐ現場にとって、久々に明るいニュースでもあった。ここで、JALの破綻から「再生」までの経緯を簡単に触れておく。

リストラされた1万6000人を犠牲にした「再生」

リーマンショックの打撃から立ち直りきれなかったJALは2010年1月に会社更生法の適用を申請。その後、民主党政権（当時）による要請で、京セラ創業者の稲盛和夫氏がJAL会長に就任した。金融機関による約5215億円の債権放棄、企業再生支援機構からの約3500億円の公的資金注入といった〝支援〟の下、赤字路線の統廃合や機種の整理集約などが進められた。それぞれの対策に賛否はあるかもしれないが、ここまでであれば、企業努力、機構改革と言ってもいいだろう。

しかし、JALはさらに、グループ全体で約1万6000人に上る社員のリストラという禁じ手を打ってきたのだ。

これらの〝改革〟により、2010年度には営業利益約1884億円と、更生計画を大幅に上回る業績を挙げ、2011年度には約2049億円と過去最高益をたたき出した。さらに2012年9月には早々に再上場を果たした。しかし、働き手にとって、リストラで仕事を失うことは生きる術を失うことに等しい。破綻からわずか2年というV字回復が速やかであれば、あるほど、鮮やかであれば、あるほど、現役の社員たちにここまでの犠牲を強いる必要があったのかとの批判は、今も内外から絶えない。

「職場世論」をつくり、困っている人の要求をすくい取ることが大切

過酷な人員削減は今もなお、それぞれの職場に深い爪跡を残している。

整備士たちの現場で、最も頭の痛い問題は人材の流出だ。1990年代以降、航空業界全体で、経費削減のため機体整備の外注化が進む中、JALでは2006年に全面外注化がなされた。もとより、待遇は右肩下がりだったが、破綻でさらに拍車がかかった上、人員削減により一人当たりの業務量も増えた。

このため、リストラ以外にも2011年だけで約200人が退職した。一人前になる前に見切りをつけて辞めていく入社から間もない社員もいるが、問題は、スカイマークやピーチなどの格安航空会社（LCC＝ローコストキャリア）へと転職していくベテラン社員が少なくないことだという。

航空連・日本航空ユニオン（JLU）中央書記長の諏訪幸雄さんは「仕事ができる整備士ほど他社へと移っていきます。破綻後のJALがLCCの人材供給源になってしまっている状況です」と打ち明ける。LCCでの給与水準はJ

整備の職場風景

ALとそう変わるわけではないが、働き手への敬意からはほど遠い待遇切り下げや、少数派組合への露骨な差別に遭うよりは、まだまし、というわけだ。

それでも、諏訪さんは「(JALの再上場により)ようやく、労働組合が本来の取り組みに専念できるようになった」と期待する。

「労組としても、会社更生の期間中は、守りに入らざるをえませんでしたが、今は、失ったものを取り戻し、新たに勝ち取っていくモードに移りつつあります。賃金にかかわる要求はもちろん、遠方に出張して機体整備にあたる際の移動時間をどこまで労働時間とみなすのか、バッテリーや工具などの消耗品を適正な期間内に更新していくかなど、安全運行にかかわることも含めると課題はたくさんあります」。

最近は、多数派労組に加入する組合員が、諏訪さんらが発行する組合ニュースを読んだり、団交の行方に関心を持ったりする様子を見かける機会が増えているという。

JLUへの新規加入につながらなければ、意味がないのでは？　そう尋ねると、「所属する労組の区別なく、『職場世論』をつくり、一緒にたたかえる状況を整えていくことも重要だと思っています。それにより、本当に困っている人の要求をすくい取っていくことが大切なんです」と諏訪さん。

確かに、経済が右肩上がりに成長していた時代に比べると、新たなベースアップや手当など、労使交渉で目に見える「果実」を勝ち取る機会は減ってしまった。それどころか、一部の経営者や政治家たちの間からは「労組は既得権益集団」などとして、労組が業績低迷や経営破綻の原因と言わんばかりの主張も聞こえてくる。

しかし、労働組合とは働き手の賃金水準や雇用を守るための組織であり、そうして勝ち取った「既得権」を守るのがそもそもの役割でもある。そうした意味において、労組の存在意義は今も昔も変わっていない。むしろ、合理化ばかりがもてはやされる現在、モラルハザードや行きすぎた労働強化を監視し、商品やサービスの質と安全性を担保するという点では、労組の必要性は増しているともいえる。ましてや、大勢の人命を預かる航空業界ではなおさらだ。

労使対決による要求実現と同時に、労組の枠組みを超えた社内世論から育て上げていく——。それは、新たな労組のあり方としての模索にもみえる。

客室乗務員は保安要員—休暇を取り働きやすい職場づくりと安全を守るため

一方、客室乗務員の現場も、破綻後は深刻な人員不足にある。目に見えて業務が増えたにもかかわらず、給料は減り、休暇も取りづらい状況が続いているというのだ。

JALは再建計画の下、希望退職に加え、「53歳以上の一般職」などの条件に当てはまる客室乗務員84人を整理解雇したものの、ベテランばかりを切り捨てたため、現場の効率は悪くなり、1人当たりの負担は重くなってしまった。その結果、ハードワークに耐え切れず、自ら職場を去る客室乗務員が後を絶たず、破綻後は計約700人が退職したとされ、残った客室乗務員に一層のしわ寄せが行く悪循環に陥っている。

左から三星宗弘さん（日本航空乗員組合）、前田環さん（日本航空キャビンクルーユニオン）、諏訪幸雄さん（日本航空ユニオン）

ある客室乗務員によると、職場は、病気や冠婚葬祭に伴う休暇ですら、自由には取れない雰囲気だという。多少の熱があっても出勤するのは当たり前。同僚の結婚式に合わせて休暇を取るのもほぼ不可能で、結婚する当人ですら、上司から「何とか、結婚式を延期できないか」と相談される始末だ。親族の葬式に行く時もお悔やみよりも、「早く帰ってきてね」と声をかけられることがもっぱらだという。

航空連・日本航空キャビンクルーユニオン（CCU）副委員長で、国際線の客室乗務員でもある前田環《たまき》さんは「業務量は破綻前に比べると1割増。給料は年齢にもよりますが、年収ベースで3～4割は減りました。以前は、退職の理由は『結婚』や『夫の転勤』などはっきりしていましたが、最近はこれといった理由がなかったり、転職先も決まっていなかったりと、疲れ果て、燃え尽きたようになって辞めていくケースが増えています」と懸念する。

会社の外に目をやれば、整理解雇された客室乗務員84人のうち72人がJALを相手取り、「解雇は無効」として、労働契約上の地位確認などを求める裁判をたたかっている。同様の裁判は整理解雇されたパイロット81人のうち76人も起こしているが、2012年3月、東京地裁はいずれも「整理解雇は有効」との判決を出した（両原告団とも控訴）。

先述したように、客室乗務員の整理解雇の人選基準は「53歳以上の一般職」。前田さんらが所属するCCUは少数派組合で、管理職はほとんどいない。管理職がいないこと自体、昇進差別なのだが、案の定、解雇された客室乗務員の9割がCCUの組合員だった。一方で、JALは破綻後、新卒を含めて約940人の客室乗務員を新規採用している。物申す労組を狙い撃ちし、年齢の高い女性から解雇して新卒に置き換える手法は組合差別であるだけでなく、女性差別でもあるが、裁判所には判決を通してこうした見識を示そうとする意思はないようだ。

こうした現状について、前田さんは「理不尽な組合差別があるのは事実ですし、整理解雇も許すことはできません。一方で、客室乗務員は、接客業務はもちろん、万が一の場合の保安要員でもあります。いったん、飛行機に乗れば、クルーが一体となってチームワークを発揮する。これが私の誇りでもありますし、やりがいでもあります」と話す。

現在は、労組として主に年休闘争に取り組んでいる。グループミーティングを中止して休暇を取りやすくするなど、少しでも働きやすい職場の実現を目指す。

前田さんは長年にわたり、客室乗務員として飛び回り、同時に労組役員として会社側と向き合ってきた経験から、思い至ったことがある。

「私たちが労働条件の改善を目指すのは、質の高いサービスを続け、乗客の安全を守りたいからでもあります。そのために、何かを求めようと思ったら、自ら動き、声をあげなきゃダメだと思うんです。労働組合に入り、〝おかしいことはおかしい〟と要求し、それを実現させることは、実際にやってみれば、思っているほど怖いことではありません」。

労働組合だけでなく、企業の枠組みさえも超えた、すべての働き手に向けた呼びかけでもある。

（**藤田和恵**／『月刊全労連』2013年3月号掲載）

追記 裁判闘争では、2014年6月に乗員64人、客室乗務員71人が最高裁へ上告していたが、2015年2月、客乗、乗員とも受理申立てを却下する不当決定がなされた。一方、解雇回避の話し合いを求める組合のスト権投票を妨害した事件では、最高裁が会社側の上告を棄却し東京都労委による不当労働行為認定が確定している。さらに2012年6月以降、ILO（国際労働機関）から日本政府に対し「対話による解決」を求め、三回にわたる勧告がなされている。東京五輪大会がILOとパートナーシップを結んでおり、条約の順守は国際的にも注目されている。

そもそもJALの経営破綻は、本業以外のホテル・リゾート開発（1300億円の損失）や2008年の原油先物買い（1900億円損失）、日米貿易摩擦解消のためのジャンボ機大量導入（一機200億円、113機導入）、地方空港の乱造・高い着陸料等、放漫経営と歪んだ航空行政に因る。会社は、被解雇者の一日も早い職場復帰によって空の安全を守る決断をすべき時に来ている。（寺間誠治）

3

金融労連東京地連・さわやか信用金庫従業員組合〈東京都〉

地域とともに歩む、明日へのかけ橋 助け合う信金労働者のこころ大切に

3信金が合併、労働組合も統一

全国に270の信用金庫があるが、預金残高1兆円を超える信用金庫を大手信金と呼ぶ。さわやか信用金庫は預金残高1兆4378億円（67店舗）である。さわやか信金は2002年10月、東京産業信用金庫、東都中央信用金庫（2001年12月に同栄信用金庫、港信用金庫が合併）の実質3信金が合併して誕生した。

労働組合も、それぞれの信金にあった3組合が組織統一して、さわやか信用金庫従業員組合となった。統一以前に全労連加盟の全信労（全国信用金庫信用組合労働組合連合会、現在・金融労連）に加盟していたのは同栄信金の組合だけだったが、統一組織・さわやか信金従組は全信労に加盟した。現在組合員数は957人である。

信金営業マンの仕事とは

さわやか信金青山支店（東京・港区）の営業マン、倉澤友輔さんは勤めて9年目。昨年（2013年）2月に新宿西支店から移ってきた。青山は坂が多いので電動付自転車で担当エリアをまわる。夏の炎天下、自転車での営業・集金活動はこたえる。

担当地域の顧客は、企業、自営業者、個人などさまざま。「お客様の声を聴いて、困っていることでお手伝いができることにやりがいを感じます」と倉澤さん。「子どもの大学の学費をどうしようかとか、相続した家が古いので建替えしたいなど、親身になって一家のライフスタイルにかかわる相談に乗って、感謝されたときは本当にうれしいですね」と語る。学生時代に司法試験にとりくんできた倉澤さんは、法律など専門的なアドバイスができるのが強みだ。経営者には、新規出店の計画書を見て融資ができるかどうかとか、老朽化が進んでいるビルの建て替えでの資金の工面などの相談を受け、建築費用の概算を出して積み立てはこれくらいなどの提案もする。「『さわやかさんが来てくれた』と、訪問先で歓迎されると、先輩たちが地域で築いてきた信頼の重みを感じますね」と倉澤さんは言う。

営業活動に出発する倉澤友輔さん

仕事にやりがいを感じる反面、うまくいかないこともある。よかれと思った融資提案を、本部審査でダメ出しをされることも。「前向きに仕事しているのになあ」と思い、「お客さまとの板挟みになって、その案件が終わるとボーッとなってしまう」という。また、「なぜこの数字が伸びないのだ」と言われ、ノルマによるプレッシャーで気持ちが沈むことも。カードローンや個人向け国債などの目標を各自に与えられたこともあったが、ニーズのない顧客に売る必要があるのかと疑問を持った。「仕事は融資をすること、ノルマに追われることではない。モチベーションが下がるだけ」と。これは多くの信金営業マンの不満でもある。

地域経済に寄与するのが使命

横浜市港北区の新羽《にっぱ》支店で融資課推進役を勤めている舟田靖さんはさわやか信金従組の書記長だ。舟田さんは、「信用金庫は、地元からお金を預かって、地域の企業、個人にお貸ししています。いわば金融の地産地消。地域とともに発展していくのが信用金庫の本来の姿ですが、いまはあまりにも目先の利益追求になっています。その結果、職員は過大なノルマが押し付けられ、パワハラなどで職場のストレスは増えています。組合は、労働条件の改善を求めるとともに、信金本来の姿に立ち返るべきだと警鐘を鳴らしています」と語る。

組合書記局で総会議案書作成をする書記長の舟田靖さん

信用金庫は、会員の出資による営利を目的としない協同組織の地域金融機関である。営業地域は一定の地域に限定され、大企業には融資ができないという制限がある。具体的には、信用金庫の所在する地域の会員中小企業（従業員数300人以下、あるいは資本金9億円以下）が対象となる。融資を受けるためには会員（出資者）になることが必要とされている。企業が大きく成長した場合には、このような企業は「卒業生」と呼ばれる。これは「地域で集めた資金を地域の中小企業と個人に還元することにより、地域社会の発展に寄与する」という信用金庫の目的のためである。

舟田さんは、「信金は地場からにげられない。利益追求を第一義とする株式会社の銀行とはまるで性格が違うのです」と言って、さわやか信金従組の運動方針書にある一文を読み上げてくれた。

「信用金庫は地域の協同組織金融機関です。職員一人ひとりがチカラを合わせ、お互い助け・支え・いたわり合いながら信頼のもとに、信用金庫の理念である①地域社会の発展に寄与する、②中小企業の育成、③豊かな国民生活の実現、といった『信用金庫の三つのビジョン』に基づいて仕事をし、仕事を通じて地域及び、社会に貢献していくという認識を共有していくことが大切です。

協同組織金融機関である信用金庫は利益追求のみが企業目的ではありません。安易な利益や一時的な成果を求めるのではなく、相互扶助の精神のもとに利用者・会員、金庫、職員の三者が協力して将来の展望に向かって健全な発展を目指していく組織です」

こうした信用金庫の理念、役割、成り立ちについて、毎年の組合員学校などで学習している。

あるべき生活水準を求めて

さわやか信金従組は毎年夏と冬の臨時給与（ボーナス）闘争では驚異的な粘りを見せる。夏冬それぞれ2ヵ月の要求をかかげ、1次回答では決して妥結することなく、3次、4次と上積み回答を引き出す。信金本部で夕方に実施された団交で出された回答を、支部代表の四十数人の執行委員が組合会議室で本部役員から報告を受ける。執行委員はそれぞれの支部に持ち帰り、妥結か闘争継続かの支部討議をかけ、その結果を踏まえ決定する。

さわやか信金従組が臨給闘争にこだわるにはわけがある。2008年まで臨時給与は夏冬それぞれ2ヵ月支給されていた。しかし、2009年にさわやか信金は大幅な赤字を出した。経営による投資の失敗だった。当初、経営は臨給ゼロの可能性を示唆したうえで、1・35ヵ月を提示した。組合はそんなものはのめないと、団交を重ね、その時は最終的に1・51ヵ月まで引き上げた。しかし、本来あった水準は2ヵ月だ、どうしてもそこまで戻したいという思いが強い。中央執行委員長の小林徹さんは、「臨給闘争は理不尽に下げられた水準を回復するためのやむにやまれぬたたかいです」と語る。組合は、ボーナス前に毎回、臨給アンケートをとる。「何に使いたいか」を問い、「どれだけ必要か」を聞くと「2ヵ月ないと生活が厳しい」というところで足並みがそろう。「そうした、組合員の生活実感を背景にした臨給闘争を積み上げてきて、今年（2014年）の夏はやっと1・7ヵ月になりました」と言う。

中央執行委員長の小林徹さん

小林さんは、「よくお客様から『金融機関はお給料がいいでしょう』と聞かれますが、銀行と違って、信金は給料が高くない業種なのです。町場の中小企業がお客様の中心なので、今の厳しい経済状況のもとで、ともによくなっていこうという思いが強いのです」と語る。営業地域が賃金水準の高い東京（神奈川にも3店舗）のさわやか信金労働者の平均賃金は、月額約36万円（平均年齢約42歳）だ。ちなみに国家公務員の全国平均賃金は、今年（2014年）の人事院勧告（平均1090円アップ）実施前で、月額40万8472円（平均43・8歳）だ。

春闘期には、金庫・経営者に対して、産業別の統一要求である「年齢別最低賃金」の保障を求めている。小林さんは「この年齢の職員の生計費に基づく最低賃金はこれぐらいだということを示して、そこに到達していない人たちの給料をあげなさいと要求しています。一般職の女性のところで具体的に成果があるように努力を重ねています」と言う。最低生計費として参考にしているのが、4都県の地方組織と全労連、労働総研でつくる「首都圏最低生計費調査作業チーム」がまとめた「最低生計費試算調査報告」だ。

さらに、「近年は成果主義賃金の導入で、年齢給が廃止される信用金庫が増えていますが、うちでは職能給と年齢給の2本立てを保っています。成果主義賃金は、信金本来の相互扶助の精神になじみません」と小林さんは強調した。

女性職員が安心して働けるために

4年前の秋、本店事業部に勤めていた沼田みどりさんの父親が脳内出血で倒れた。翌年2月から週1回のリハビリ通院のため、近くに住む父を病院へ送り届けることが沼田さんの役割となった。当然、朝の出勤時間には間に合わない。当時は介護のためには1日休暇という制度しかなかったため、1時間以内の遅刻になる「時短」という制度を使った。しかし、この制度では給料カットになる。「おかしい」と思った沼田さんは、人事と組合の両方に相談した。両者で話し合いがもたれ、給与カットされない介護休暇の半休制度が実現した。

組合の会計をつとめる沼田みどりさん

沼田さんは昨年秋から、中央執行委員会の会計になった。「今度は、困っている人がいれば助けてあげたい」という気持ちからだ。それまで組合活動はしたことがなかった沼田さんは、初めて団交に出てその激しいやりとりに驚いた。

沼田さんは、働きながら子育てをしてきた大変さを振り返る。子どもが病気したとき、突然の休みが必要だった。そんなとき上司から「子どもの親は一人だけではないだろ」と言われた。「そのときはさすがにもう仕事はやめよう」という悔しい思いをした。

そんな経験から、「子どもが病気のときには、駅に近い支店数店舗に看護師を常駐させ預けたり、もしくは預かってくれる施設と契約するなど、企業側がそうした体制づくりをすべきではないかと、強く思っているのです」と語る。「そうすれば子育て女性の管理職も可能です。うちの信金は35％が女性ですし、派遣・パートを入れると職場の半分は女性です。もっと女性の力が発揮できる環境を企業が整えることで、新しい発展があるのだと思います」と抱負を語る。

沼田さんは、組合役員になって毎回、金融労連の女性のつどいに参加している。「とてもいい会です。銀行の方もいて、いろんな職場の良い面、悪い面、両方聞けて。こういうことがうちの組合でもできたらいいなと思います。女性は心の中で言いたいことは山ほどあると思う。それが解決できなくても、聞いてあげるだけでも発散になったりするので、そういうのをぜひやりたいなと思っています。おいしいものを食べたり、お酒が入れば、もっと会話がはずむかもしれません」という構想に思いをめぐらす。

有給休暇を取って生き生き働く

青山支店営業マンの倉澤さんは組合の書記次長だ。今年の運動成果として、営業手当が２０００円増えたことと、有給休暇の取得率を高めていくために今年９月から「有給休暇取得予定表」を運用させたことをあげた。さわやか信金の有給休暇取得率は一人平均３・３日と、きわめて低い。有給休暇取得率を高めるために、事前に休む日を申告してもらう「有給休暇取得予定表」を全店舗でつくることを組合と金庫・経営側とで合意したのだ。

倉澤さんは９月２日に有給休暇を取った。「娘の初めての誕生日です。月末月初は忙しいので迷いましたが、この制度ができ組合の代表として早速利用しました」と少し照れながら語る。「多忙でも自分の身の周りは整理できる営業マンでなければいけないので、休みと決めたら、それに向けて仕事の段取りはつけました。メリハリをつければ営業的にもいい数字につながります」と語る。
「こういうことが仕事のモチベーションを高めていくのだと思います。楽しく仕事して、休む時は休む。こうした家族とのふれあいなどが話題になれば、お客様との会話ももっと楽しくはずみますよ。子どもの成長に自分自身が悪影響を与えないため、家庭にストレスを持ち帰らないようにしたい。仕事と家庭、それに組合活動、すべてが成り立つようにやっていきたいですね」、と語った笑顔はとてもさわやかだった。

（**木下芳宣**／『月刊全労連』２０１４年12月号掲載）

さわやか信金従組の総会。組合員過半数を大きく上回る513人が出席した（2013年10月）

4

自交総連福岡地連・甘木観光労組〈福岡県〉

公共交通は　地域住民の足を守る

福岡県朝倉市。2006年に甘木《あまぎ》市、朝倉町などが合併して誕生した自治体だ。人口5万3000人。市の北東部にある秋月地区は「筑前の小京都」と呼ばれる観光地だ。江戸時代、黒田長政の子、長興が分封され秋月藩5万石の城下町として明治まで続いた。

甘木・朝倉地方を中心とした周辺地域の地名と奈良・大和地方を中心とした周辺地域の地名の酷似から、邪馬台国の中心は甘木・朝倉にあり、後に奈良・大和地方に移って大和朝廷になったとする説があるそうだ。この説にちなんで、毎年5月には甘木公園で「花の邪馬台国まつり」が開催されている。

この地域で、株式会社甘木観光バスは、朝倉市の旧甘木市地区を中心に貸切バス、乗合バス、タクシーを運行する事業者である。地域では「甘観」の名前で親しまれている企業である。従業員は約70人。

もともとは貸切バス事業とタクシー事業を行っていたが、2001年4月、当時の甘木市内でバスを運行していた西日本鉄道が甘木市内・近郊路線から撤退したのを受け、同社が運行していた路線を

朝倉市内を走る甘木観光の路線バス

甘木観光労組の仲間（左から古賀文紀書記長、中垣勉委員長、家永泰治書記次長）

引き継いだ。現在運行している路線は朝倉町（現：朝倉市）、三輪町《みわまち》（現・筑前町）、田主丸町《たぬしまるまち》（現・久留米市田主丸町）にも及んでいる。

立ちあがった労働者と甘木観光労組の誕生

この甘木観光には労働組合はなかったが、2013年3月に自交総連加盟の労働組合が誕生した。誕生ストーリーは、2013年2月に甘木観光の6人の労働者が職場の労働条件についての相談のために自交総連福岡地連を訪れたことから始まった。

6人は路線バス事業部の労働者。その労働条件は、基本給が最低賃金ギリギリの12万1000円で、何年勤続しても2000円までしか上がらず、12万3000円どまりという低賃金の実態。残業をしないととても食べていけない。賞与はほとんどなく、あっても4万円程度というもの。

その上、交通事故を起こした乗務員からは過失がなくても修理代として一律3万円を賃金から天引きするという違法行為さえ存在していた。

福岡地連の指導のもとで職場実態を出し合い、要求を討議をし、仲間を増やす手立てについても相談を進めた。組合結成までに12人が集まった。結成が決まり結成通知を会社側に出すことに。事前に通告をすると面談できない可能性もあることから、早朝の5時に社長の出勤を待って、結成通知書を会社側に手渡すという場面もあった。

組合の要求は、①基本給のベースアップ、②年功給の創設、③交通事故における罰金の返金、などだった。団体交渉に応じた会社側は、交通事故における罰金の返金には同意したが、基本給のベースアップや年功給の創設など、恒久的に払い続けるのは経営上できないという態度だった。

組合では、会社が黒字であることから、一時は路線バスを止めてストライキに入ることも議論されたが、はやる気持ちを抑えて、よく議論をして粘り強く交渉を重ねていくこととした。団体交渉を進めた結果、①基本給を据え置くが組合主催の慰労行事に15万円の福利厚生費を出す。②年功給は継続審議にするが賞与の年功配分を認め、分配率等は組合に一任する。③交通事故の罰金は中止し、過去2年間で徴収したものは返金する、という内容で、この年の春闘は妥結した。

初めて勝ち取った夏季一時金闘争

春闘から間髪を入れずに6月には夏季一時金交渉が始まった。組合の要求は、年功配分のシステムで従業員総額930万円。そして3回の団体交渉を経て、組合は総額750万円を支給させることで妥結した。会社は過去に1年以上在籍する60人の従業員に一律4万円、総額240万円を支給した実績があるが、その3倍にあたる成果を勝ち取った。初めての夏季一時金闘争で要求の前進を勝ち取ったのだ。夏季一時金は、1年以上勤務する従業員に、10万円＋勤続年数による年功分で支給された。

しかし、問題はここからだった。

賞与の配分については組合が決めていくことから、非組合員から異論が出てきた。「賞与が今までにないほど増えたことは感謝するが、なぜ組合が配分を決めるのか」などの声も起こった。

「組合が考えたのは、組合員でない従業員の声や思いを積極的に聞き、懇談を持ち、集会を開いていくことでした。そうしてみんなの意見、要望を聞きながら要求をまとめていくことを明らかにし、

自交総連福岡地連の定期大会（2015年11月15日）

執行委員会の様子

組合に入っていない人も組合に入っていっしょに要求を勝ち取っていこうと訴えていきました」と、当時のことを振り返る甘木観光労組の古賀文紀書記長。

こうして、組合員は20人に増えた。社内でも組合の話題が広がった。「組合ができたばかりだが、組合のおかげで交通事故での罰金もなくなった」などの声もあがってきた。

つぎつぎと職場要求実現へ

甘木観光労組は、積み残された要求実現に向けて、当面、職場従業員の過半数を組織することに力をそそいだ。日ごろはあまり話すことも少ない観光バス、タクシーなど他の事業部の労働者に声をかけ、積極的に働きかけていった。対話や説得など、ときには深夜にまで及ぶこともあった。こうした努力で、ついに40人の組合員を組織することに成功し、職場の過半数を得た。タクシー事業部の乗務員全員が組合に加入して、これまで観光バス事業部でしか対象でなかった、交通事故の修理代の返金交渉を行い、タクシー事業部でも実現させた。

冬季一時金要求の闘いでは、5回にわたって職場集会を開催し、総額1000万円の要求を会社側に出した。年を越した団体交渉になり、2014年元旦から9時間に及ぶ粘り強い交渉をつづけた。最終交渉で3月支給と大幅に支給日が遅れたが夏季と同様の総額750万円で妥結した。

新しい組合ながら、短期間に職場の過半数を組織した組合員たちの奮闘に、福岡地連の5単組から激励と連帯の思いを込めて、団結旗と腕章が贈られた。

2014年春闘では、事務所の全面禁煙、交通事故罰金の返金、組合掲示板の獲得などの要求を実現させ、この年の冬季一時金闘争では、大台の総額1000万円原資を勝ち取った。2015年春闘ではついに、念願だった基本給1000円のベースアップを実現させた。

「組合の力をつけるために、役員を増やしたり、組合員とのコミュニケーションをはかってきました。福岡地連の学習会にもよく参加して得た知識も大いに役に立っています。交渉ではゼロ回答をさせないという思いで臨んでいます。1000円のベア獲得では、組合役員が団結し、十数年間も賃上げがなく、従業員の生活が困窮状態であることを率直に訴えたことが大きい」と、古賀書記長は、この間の短期間のなかでもハードな闘いに明け暮れた日々を振り返った。

「小さいころからバスの運転手になるのが夢でした」という古賀書記長だが、実は、2015年9月に結婚したばかりの新婚さんだ。「結婚したら、それまで結構大きな車を乗り回していたのに、今や軽自動車です」とちょっと寂しそうに笑う。

住民に安全・安心の公共交通をめざして

組合結成から1年後、甘木観光労組は、自交総連福岡地連とともに、住民に安全・安心の路線バス事業の構築と現場でになうバス労働者の労働条件の改善に向けての施策を、朝倉市に要請した。朝倉市はこれまでも住民の足を確保し、移動を支える施策を講じてきており、要請に対して「引き続き進めていく」ことを明らかにしている。

地域になくてはならない公共交通をしっかり守り、それを支えるバス労働者の労働条件や待遇改善をはかるためには、地方自治体や議会にその重要性を理解させ、施策をしっかりと維持させていくことが重要だ。

2015年春の統一地方選挙で、福岡地連の書記次長（当時）だった和田庄治さんが、朝倉市議会議員選挙に打って出た。日本共産党の議席が空白の朝倉市に日本共産党公認での選挙戦だった。和田さんの立候補は選挙戦の台風の目となって地元でも大いに注目された。和田さんは選挙の始まる3ヵ月前に住所を朝倉市に移し、果敢にチャレンジした。市議選は定数が2減の18人。当選には約1000票が必要と思われたが、結果は666票でかろうじて最下位当選を果たした。次点とはわずか18票差という薄氷の勝利を勝ち取った。

「いやあ、とにかくたいへんでしたよ。しかし、これから先がなおたいへんなんです。市議会では公共交通として住民の足を守る立場でがんばりたい」と大きな体をゆすりながら話す。

福岡地連の機関紙『4コマNEWS』の力

自交総連福岡地連の機関紙『4コマNEWS』

2013年3月に甘木観光労組が結成され、自交総連福岡地連に新しい風が吹いたあと、この間長く停滞していた地連の機関紙が復活した。その名は『4コマNEWS』だ。A4判2ページの小さい紙面だがおもしろくて読みやすい。題字の「4コマ」とは、表裏の各紙面に4つの記事をまるで4コマまんがのように掲載するのである。表裏合わせて8つの読み切り記事があり、それぞれが単組の情報、とりくみ、情勢、ホットニュースで埋められているのだ。「簡単に作れて、組合員が速く読めること、そして何よりも継続して発行できることをポイントに置いて作りました。本格的な機関紙とはいきませんが、組合員には好評のようです」と福岡地連の内田大亮《だいすけ》書記長は謙遜しながら語る。「機関紙は組織拡大にとっても必須アイテムです。継続発行できるかが勝負です」と真剣だ。

『4コマNEWS』は2015年11月現在で30号に到達した。紙面もA4判から一回り大きなB4判にしていっそう見やすくなっている。

筑紫の小京都・秋月へ

2015年の秋、甘木観光労組の古賀書記長に同行してもらって、甘木観光の路線バスに乗った。いくつかある路線のうち、朝倉市の中心部にある甘木駅（甘木鉄道）から観光地「筑紫《ちくし》の小京都・秋月」を結ぶ秋月線だ。この日の運転手は中垣勉委員長だ。「普段は通学の生徒もよく利用しますが、何といっても秋は観光客が多いですよ」と中垣委員長の説明。

小京都・秋月の風景

甘木駅を出発したバスは市内中心部から、秋月地区をめざして走る。客は10人程度。市街地を抜けると、のどかな田園風景が広がる。小京都・秋月は、古処山《こしょさん》の麓に広がっている。ゆるやかな坂道をのぼっていく。「このあたりは、冬は結構寒くて、よく雪が降るんです。雪で運休になることもあるんですよ」と補足する古賀書記長。

バスは秋月に着いた。城下町のメインストリート・杉の馬場には平日にもかかわらず、多くの観光客がそぞろ歩いている。鎌倉時代に秋月氏がこの地方をおさめた。その後、関ヶ原の戦いで武勲をたてた黒田長政が福岡藩の藩主となって、三男の長興が5万石の秋月藩に入った城下町である。

「紅葉の頃は観光客でいっぱいになりますよ」と古賀書記長が付け加えてくれた。秋月城跡の石垣、長屋門、黒門がしっとりと落ち着いた城下町の風情を楽しませてくれる。

読者のみなさん、ぜひ、筑紫の小京都・秋月を訪ねてほしい。そして、甘木観光の路線バスに乗り、この地に住民の足を守って日々活動している労働組合があることをぜひとも思い浮かべてほしい。

（機関紙ジャーナリスト　**西岡健二**／『月刊全労連』２０１６年１月号掲載）

5

全労連・全国一般　宮城一般労働組合〈宮城県〉

日本の屋台骨、中小企業を元気に最賃課題と結合し、奮闘する宮城一般

進まぬ復興、安心して暮らせる状況は遠く

東日本大震災から5年が経過した。2015年12月31日現在、宮城県では1万549人の死亡が確認され、1239人がいまだ行方知れずになっている。被災地は、流失した家々の跡地がさら地にされ、地盤沈下が大きかった沿岸部は岸壁を中心として嵩上《かさあ》げが施され、水産加工業や漁業が一部復旧している。しかし、被災した多くの地域住民は、住宅再建の目途が立たず、集団移転もごく一部でしか実現していない。

全労連・全国一般労働組合宮城一般労働組合は震災以降、宮城災対連東日本大震災共同支援センターに結集し、仮設住宅での暮らしを余儀なくされている被災者を支援し、励ますとともに、悩みの解決を目的とした「炊き出し　なんでも相談会」にも欠かさず参加してきた。宮城一般の鈴木新《すずきしん》委員長は、「取り組みを通じ宮城一般は、被災者とともに元気に明日への一歩が踏み出せると確信している。とくに、山形県鶴岡庄内農民連は毎回、トン汁、竹の子汁を大なべで提供されていることに頭が下が

炊き出しなんでも相談会女川町（2015年４月18日）

炊き出し餅つき（2015年５月23日）

る。また、横浜の保育園や東京などから駆けつけていただくことを目の当たりにし、地元としてもっとやれることがあるのではないかと日々、思いを巡らせている」と語る。その具体化のひとつとして、宮城一般は日交タクシー支部の餅つき部隊や、みやぎ生協支部のホットカフェの提供で、北へ南へと毎回、約20人が参加を続けている。

たたかう提案型運動で中小企業を元気に

全労連・全国一般は、「最低賃金と中小企業振興」を二大運動として全国で奮闘している（『月刊全労連』２０１５年６月号）。

宮城一般労働組合は、１９５６年11月13日、「仙台地区一般合同労働組合」として結成された。結成当初より、現在も宮城一般の柱となっている「全国一律最低賃金制の確立」と「未組織労働者の組織化」の方針を掲げ、中小企業に働く労働者の砦として運動を進め、現在６８００人の組合員が結集する組織となった。

組合結成以来、近年までは、幹部活動家の解雇や「第二組合」結成による宮城一般つぶしなど、経営側の組合敵視による攻撃の連続であった。新たな職場支部を結成しても、すぐ組合つぶしの攻撃に遭い、それを存続させるためには並大抵でないエネルギーが必要だった、とのことである。

近年は、全国一般中央の提起している「たたかう提案型運動」と「中小企業振興」の方針を掲げ、『私たちは中小企業経営を守ることも組合の大事な役割と位置付けている』ということを経営側に訴え続けてきたことで、経営側からの理解も少しずつ進み、良好な労使関係の職場が増えてきた。これも長い間の運動の積み重ねがあってのことだ。

「たたかう提案型運動」とは、春闘や一時金闘争の時はもちろん、日常的にも効率アップのために製造現場のレイアウト変更の提案、大学生協では利用者の声を取り入れて新メニューの提案、残業を減らすための業務量の平準化の提案、無駄なコストの削減のための対策を提案したりするなど、職場の実態に応じて提案活動をすすめることである。その結果わずかではあるが、賃上げや一時金アップ、労働条件の改善などに結びついた。

元日初売りに営業自粛を申入れ

昨春闘の2月24日地域総行動で、宮城一般は繁華街での朝宣伝行動でチラシ配布、春闘決起集会、仙台市内商店街訪問、関係団体要請などに積極的にかかわってきた。商店街訪問では、「中小企業支援策の拡充と最賃の引き上げ」と「消費税増税反対」の賛同依頼を行った。訪問先では「消費税増税は絶対ダメ、景気が回復できるように頑張ってほしい」と切実な声が寄せられた。

各種の住民運動も労働組合の当然の任務と自覚し、推進してきた。その1つが「仙台初売の伝統守れ」「大型店の無秩序出店反対」の連年の取り組みだ。昨年（2015年）秋にも「2016年の元日初売り、及び通常営業を行わないこと。初売りについては、県議会決議、仙台市議会決議に従って2日一斉開催とすること」との要請を市内に大型店を展開している主要な企業に対して行った。毎年の要請に相手側も要請の趣旨を理解し、友好的な対応をしてくれるようになった。

最賃の引き上げは全労働者の課題

最低賃金について、鈴木委員長は「日本の政府や財界は、最低賃金の引き上げの話になると中小企業の経営を心配する発言をくり返すが、それとは逆行して中小企業に打撃を与える消費税増税や中小企業への増税となる外形標準課税の拡大を狙い、中小企業支援策を本気で取り組もうとはしていない。非正規労働者が増加する中、労働者全体の賃金向上のためには最低賃金を大幅に引き上げていくことは急務だ。そして、国民生活の最低保障の確立をめざすために、最低賃金法改正による全国一律最低賃金制の確立と同時に中小企業支援策を講じることがもっとも重要だ」と力強く語る。

宮城一般は昨年、震災復興、生活改善、地域経済の好循環に向けた生活保障賃金の確立として宮城県の最低賃金710円を大幅に引き上げ、1000円以上の最低賃金実現を求めて、署名や街頭宣伝を5月から実施してきた。労働者の4割が非正規雇用になり、労働者の4人に1人が年収200万円以下のワーキングプア、低賃金で不安定な仕事しか就けず、結婚、出産・育児ができない人が増え、少子高齢化が深刻になっている。低すぎる最低賃金では働いても働いても生活できないことから、大幅な引き上げを実現する運動を重視して、県労連やパ臨連（パート・臨時労組連絡会）などが行う行動に結集するとともに、宮城一般は全支部で署名を取り組み、4905筆を集約した。

最賃課題で宮城労働局要請（2015年６月23日）

2015年、中央最低賃金審議会による地域別最低賃金についての答申を受けた宮城地方最低賃金審議会は、8月1日に本審議を行い、8月5日には専門部会が開催され、宮城一般から野口淑恵《のぐちよしえ》さん（宮城県パ臨連代表世話人）が意見陳述を行った。野口さんは、宮城県内の雇用や賃金の実態、この間調査した時給調査（ウオッチング）ではすでに710円では応募者がなく800円台になっていることなどを主張した。

宮城地方最低賃金審議会は、8月8日に中央の目安額と同じ「16円」を答申し、2015年最賃額は公労使全員一致で確認され「726円」となり、10月3日に施行された。

8月8日の本審議会で確定したことに対して、8月24日に5項目の「改正決定に関する異議申出書」を宮城一般4人も加わって提出、抗議を行った。審議会では、最賃額を決定するに至った議論内容については、全容が明らかにされず、議事録の要旨しか公開されていない。審議会に対し、「原則公開」に基づき、本審、専門部会を全面公開し、県民に明らかにすることを申し入れた。

さらに、宮城では最賃審議会の民主的運営と労働者委員の公正任命を求めて運動を進めてきた。1991年に初めて労働者委員へ立候補し、その後毎年立候補を続け、公正任命を求めてきた。1996年には審議会で2人の意見陳述を実現、以降20年間で40人が意見陳述を行った。また、2001年からは審議会での傍聴も勝ち取り、本審や専門部会の傍聴を続けている。

2015年には委員立候補者に対する労働局賃金室長からの意見聴取を初めて実現した。

鈴木委員長は「労働者委員の連合独占を打ち破り、私たちの声が取り入れられる審議会にするために引き続き取り組みを強めたい」と語った。

★切り詰めるのは食事──最低賃金体験

宮城一般は、2015年の春闘討論集会「最賃分科会」で最低賃金や生活体験などの意義について話し合い、2〜3月の30日間を最賃生活体験期間とし、8人が挑戦した。生活体験は710円×8時間×22日＝12万4960円から、税金・社会保険料2万1229円を差し引いた「10万3731円」で30日間生活するという挑戦だ。最終結果、赤字平均額は3万6624円の結果となった。住居費の占めた割合は平均26・9％であった。体験者は、切り詰めるとしたら自分の食事であり、人との付き合いは本当に考えながら過ごしたという。1ヵ月だから挑戦できた体験であったが、社会人として暮らせないことは明白となった。

この宮城一般の最低賃金生活体験は、1991年から始まり、以降、毎年ほぼ2桁の組合員が体験し、総体験者は264人に達した。そして体験を通じて、9つの教訓が生まれ、4つの効能が確認できた。

◎最低賃金・標準生計費生活体験の教訓
第1の教訓～家賃は1万円以下の家に住め
第2の教訓～車は絶対持つな
第3の教訓～友達と交際するな
第4の教訓～冠婚葬祭は無視しろ
第5の教訓～休日は外に出るな
第6の教訓～食事は2食にすべし
第7の教訓～外食厳禁、自炊にしろ
第8の教訓～病気になるな
第9の教訓～見栄を捨てひたすら他人にたかれ、おごってもらうべし

◎生活体験4つの効能（体験目的）
①現在の最低賃金が実態とかけ離れた額であることを、身をもって告発すること。

②労働組合運動として、体験自体が学習の場になること。
③体験により税制や社会保障の貧困さの原因が政治にあることを知ること。
④マスコミも取り上げる話題性をつくり上げ、世論を高めること。

パート一時金の拡充を

通常の賃金の後払い的性格を持つ一時金。宮城一般は、パートの一時金は制度のないところでは制度を、あるところは改善を、とこれまで運動をすすめてきた。もともと満足していない時間給を日々の頑張りや結果を反映させてきたのが一時金だが、パートの人手不足や採用競争のなかで昨年、みやぎ生協や大学生協など、生協関係の職場では理事会から制度変更の申し入れがあった。

鈴木委員長は、「理事会は従来の一時金配分から時給にまわして、見かけの時給引き上げで人手不足を解消しようとした。しかしそれで競争に勝てるというのでしょうか。人手不足の要因をしっかり分析すれば、過重労働となっている現実を変えることなく、人は入ってきても長続きはしない。新人のみを優遇する制度は、これまで長く働いてきた人にとっては新たな不満が残ることとなる。あらためて、パート（定時職員）の働き方、賃金・一時金、処遇のあり方が問われることになった」と語る。

宮城一般は争議の宝庫～資生堂アンフィニ争議、勝利和解を勝ち取る

中小企業に働く労働者の砦としての宮城一般は、多くの争議を抱えている。東北造船争議、東北中谷争議、三陸ハーネス争議、明治屋、阿部蒲鉾《かまぼこ》争議などは全国的にも知られた争議だ。

資生堂要請行動（2015年２月27日）

春のパートのつどい（2015年３月25日）

とくに、資生堂アンフィニ争議では、全国での取り組みに呼応して２０１５年２月、資生堂東北支社、三越、藤崎、さくら野、ダイエー、パルコ、エスパルなど県内の資生堂ショップを訪問、争議内容説明と支援を要請し、リッチモンド前での昼宣伝行動は、24人が参加するなど大成功した。そして、今年１月に和解勧告を勝ち取った。

さらに、福島第一原発の廃炉作業現場に燃料を運んでいた２人の労働者の解雇・不払い賃金問題のたたかいでも宮城一般が関わり、裁判闘争を経ながら昨年10月に勝利和解した。宮城一般は、不当な扱いを受けた労働者が一人争議でも裁判などのたたかいに立ち上がる際の資金が必要な場合に貸し付ける「裁判等支援基金」を設けている。これがこの間の争議を支え、見事に勝利解決した。

最後に鈴木委員長は、「私や宮城一般組合員の声は、『宮城一般を強く、大きく！』のただ１点です」と語った。

（**坂本誠一**／『月刊全労連』２０１６年４月号掲載）

6

映演労連・松竹労働組合〈東京都〉

悩みを共有し、組織全体でダッシュ 非正規労働者の組織拡大に踏み出す

映演労連・松竹労働組合（以下、松竹労組）は、２０１５年９月の第67回定期大会で非正規労働者の組織化を決定し、その後今日まで着実に組織を拡大している。例年より遅い東京の梅雨明けとなった７月の末、松竹労組本部 梯《かけはし》俊明書記長、東京分会柴山幸生《しばやまゆきお》委員長に取材した。

松竹労組は１９５０（昭和25）年12月に結成された60年以上の歴史のある組合である。結成当時より、「要求にもとづく団結、資本からの独立、政党からの独立」など「労働組合の基本３原則」を堅持しながら活動を進めてきた。

松竹労組の組合員数は、現在４０９人で「本部」を中心に「東京分会」「大阪分会」の２分会、組合員の従事する職場が東日本にある場合は「東京分会」、西日本にある場合は「大阪分会」とし、全組合員がいずれかの分会に所属する。

全松竹労働組合連合（オール松竹）は松竹グループで結成されている労組の連合体で、松竹労組の他、歌舞伎座労組、歌舞伎座舞台労組、松竹衣裳労組の４労組で構成されている。オール松竹の上部

団体は、映画演劇労働組合連合会（映演労連）で映画・演劇産業で結成されている労組の全国組織だ。オール松竹のほか全東映労連、日活労組、角川映画労組、国際放映労組、日本舞台芸術家組合などが加盟している。そして、映演労連は1999～2000年の松竹大船《おおふな》撮影所閉鎖闘争の後、全労連に加盟、日本マスコミ文化情報労組会議（ＭＩＣ）にも加盟している。

創立121年を迎える松竹

松竹と言えば、あの『男はつらいよ』シリーズや『幸福の黄色いハンカチ』、古くは『君の名は』『人間の條件』、この10年ほどの間にも『おくりびと』『舟を編む』『母と暮せば』などの作品を手掛けてきた映画と歌舞伎興行・新派他の演劇事業を主とする会社であり、今年で創立121年を迎える。会社は、大きく括ると4本部制（演劇本部・映像本部・事業本部・管理本部）を敷いている。映画産業が斜陽を迎えるまでは小津安二郎、木下恵介監督など、家族劇を主流とするいわゆる「松竹大船調」と呼ばれた映画のイメージが強かったが、もともとは演劇でスタートしている伝統があり、近年は歌舞伎での話題も多い。

労働強化の原因は有期の非正規労働者への置き換え

松竹労組の非正規労働者の組織化への議論は、ほぼ2年を要した。

2013年の第65回定期大会では、「経費節減の余波でシフト人員が恒常的に減少している」「部門だけではなく全体の視点で人員配置を検討して欲しい」「各部は人員不足」など、職場での深刻な人員不足の状況が改めて明らかになるとともに、「映写をはじめ、トラブル対応が困難な場合も劇場は派遣や契約者が多い上、3～5年で雇い止めされるため経験者が常に不足している」など、ここ数年、取締役や執行役員などが増え続けている一方で、現場レベルは業務量増加の補てんを有期の非正規労働者で補い、そのことが業務を進めるうえで、大きな問題となっていることが共通認識となった。そして、「松竹に従事する契約、派遣社員も松竹労組に結集すべきだ」との意見があがった。

この討論の背景には、松竹労組はユニオンショップ協定（正社員＝組合員）だが、全従業員に占める組合員の割合がこの20年で8割から6割弱に落ち込んでいることがある。要因は管理職への昇格増、正規労働者の契約・派遣労働者への置き換えであり、このまま放置すればやがて組合員数は全従業員の過半数を下回ることになり、労働協約や就業規則を会社側と協議・決定する権限すら失いかねない状況となっていた。

力不足だった当時の状況

松竹労組ではそれまで「春闘アンケート」で非正規労働者も対象にして意見を集約してきた。春闘要求でも「企業内最低賃金」「均等待遇」などを盛り込んだ。14春闘交渉では「中途採用試験」（非正規労働者）の在り方を巡って会社と攻防もあったが、賃上げや一時金も非正規労働者に波及させるだけの効果は獲得できていなかった。契約社員の雇用契約はまちまちで、個別の相談にも極力応じていたが、松竹労組として交渉権はなく、必要に応じて映演労連フリーユニオン（個人で加入できる組合）を紹介し、これを支援しつつ問題解決に当たるという受け身の対応に終始せざるを得なかった。自分たちの職場内の問題にもかかわらず他力本願の解決という点でも課題を残していた。一方で、正規・非正規社員には利害が必ずしも一致しない場合もある。また、正規社員にとって人事異動は重要事項だが、非正規労働者には契約更新や社員登用こそが最大関心事であった。

映演労連青年部・トレッキング倶楽部お花見
（2016.4.2　善福寺緑地公園）

春闘MIC銀座デモ
（2016.3.25　築地川公園）

非正規労働者の劣悪な状況を共有

非正規労働者の組織化について、職場議論を重ねた2014年の第66回定期大会では、「採用時に社員化を約束された契約社員がいまだに放置されたままだ」「契約社員の待遇は悪い一方で、仕事は社員以上に頑張る人も多く矛盾を感じる」「契約社員こそ、せめて休日を買上げるなどして低賃金のカバーをすべきでは」「職場に8年も契約のままの人がいる。不可欠な人材であり、社員化を求めているが上司に聞き入れられない」「職場の契約社員の給与が低いため彼らは残業代でカバーしている実態。しかも有休はもちろん、代休も取得できていない。これでは悪循環だ」「職場に週3日勤務の契約社員がいるが、本人が納得しているとは思えない。要望を聞いてあげる仕組みが必要だ」など、松竹労組の組織拡大のための非正規労働者の加入の課題ではなく、非正規労働者の劣悪な労働条件を改善し、要求実現をめざすべきとの意見が際立った。そして、「松竹労組として希望があれば契約社員の組合加入を認めるべきだ」「契約や継続雇用の人も全員を対象に組合に加入できるよう検討すべき」と意見が集約された。

切実な要求がめじろ押し

2015年春闘アンケートには、非正規労働者87人から回答があった。非正規労働者の時給は加重平均1002円、うち800円台の人が最も多く3割を

16年メーデー（2016.5.1
代々木公園から恵比寿にむけて）

超えていた。時給の引き上げ要求は149円でフルタイム換算では月約2万3300円と要求の切実さは深刻さを増していた。

また、「今の働き方が続くと身体がもたないかもしれない」の設問に対して、「強く感じる」「やや感じる」を合わせると44・3％にもなった。「今の働き方が続くと心の病になるかもしれない」との質問にも、「強く感じる」「やや感じる」を合わせると、46・5％にもなり、身体的にも精神的にも正社員と非正規の区別なく、ほぼ半数に近い人が強いストレスを感じている結果となった。そして、不満のトップは「低賃金」80・4％（複数回答、前年61・8％）で、その切実さがあらわとなった。サービス残業も11・0％が「ある」と回答した。

このアンケート結果を踏まえ、松竹労組では15春闘で初めて非正規労働者の賃上げとして「5％以上」を会社に要求した。

そして、松竹労組への加入については、「積極的加入」15・3％、「内容次第で加入」37・5％となっていた。これを受け、組合費の設定、徴収等も含めての具体的な準備が始まった。

★非正規迎え入れ決定、働く仲間としてともに励まし、互いに支え合う

2015年9月18日、第67回定期大会が開催された。大会では、積年の課題でもあった正社員以外の雇用形態で働く人々の松竹労組加盟が正式に決議された。松竹労組結成65年目にして非正規労働者を迎え入れることが決定した。当面は、正社員はユニオンショップ、非正規の組合員についてはオープンショップ（希望者のみ加入する仕組み）という形だが、近い将来にいずれかの方式に統一したいと考えている。これまで手薄になりがちだった非正規労働者の要求を松竹労組全体の課題として取り組

み、労働条件の底上げと格差の是正に努力し、雇用形態は違っても松竹労組としてその前進をめざすことになった。

「安定して働きたい」オルグから見えてきたもの

2016年春闘では、「悩みや不安を一人で抱えず、松竹労組に加盟して皆で解決しよう！松竹労働組合への加盟を」との呼びかけ文を作成し、そのなかで、「雇用契約更新の不安、待遇の据え置き、他の部門との情報共有化、それによる業務の効率化促進、評価制度の曖昧さ」などの具体的課題を示し、労働組合の任務や役割、憲法で保障されている労働三権、不当労働行為の説明なども付加した。これらを手に執行部は、非正規労働者へのオルグを行い、以下の率直な実情を聞くことができた。

それは、「家族手当がないため生活が苦しい」「退職金がない」「中途採用試験の傾向と対策を知りたい。別の会社ではこれ勉強しておけと参考書を渡されたこともあった」「派遣元との関係で組合に入れる状況にない。組合に入るのは契約違反になりかねない」「組合に加入したところで、賃上げや待遇改善に即つながるとは考えにくい」「時給制のため、賃金が安定せず祝祭日が重なる月は収入が激減する」「時給制のため、体調が悪くても休めない。有休は労基法通りだが、直前の派遣労働と次の派遣労働との間に1～2ヵ月が空くと有休カウントがゼロにリセットされる」「職場では、派遣に残業させないとの指示が徹底され、忙しくても守らざるを得ない。その中で評価を得るために自宅作業もやっている」「待遇改善を誰に相談すれば良いか分からない。契約更改の際は、継続されるか否かが最大課題であり、待遇のことを持ち出せない。改善を要求すれば契約を切

海の体験教室（2016.8.7　葉山一色海岸）

られるかも」「自分のもっているスキルを活かす場がない」など、切実な実態を把握した。そして、これらに共通するのは「安定して働きたい」との要求であった。

非正規労働者10人が加盟、さらに前進をめざして

時を同じくして、グループ企業の一つで「パワハラ問題」と社員への不利益変更、出向社員とプロパー社員の待遇格差などをめぐり、経営陣に対し不信感を募らせた社員が松竹労組に相談、映演労連フリーユニオン支部を結成し、会社経営陣と団体交渉の場をもつまでになる。

上部団体である映演労連の組織拡大プロジェクトにおいても、各社ロードマップの作成に重点課題が置かれ、松竹労組として組合の無いグループ会社での組合組織化と本社内に勤務する契約社員、アルバイト、パート、派遣社員までを含めた非正規労働者の人たちの組織化の2本立ての目標を設置した。

松竹労組は、まずは本社内で働く非正規社員のリストを作成し、2015年12月9日、終業後に会議室にて説明会を行い5人が参加した。しかし、2回目の18日には誰も来なかった。就業後の参加はもっと気軽な場でと、翌2016年2月24日に食事会を行い、22人の参加があった。参加者の傍らには執行部の役員や各職場の分会委員を交えた。

お互いに交流の少ない非正規労働者の人たちの情報交換、社員登用試験合格者の体験談も織り込んだ説明会は、劇場に従事する派遣社員まで枠を広げ、5月26日と回を重ね、組合への問い合わせも徐々に増えていくことになった。

今春闘は、賃上げされていなかった継続雇用契約社員賃金の「上限2%アップ」と「上限1・5ヵ月」と制定されていた一時金について松竹労組の付帯要求ではなく、正社員組合員と同時に要求し、

一時金を1・6ヵ月に押し上げるという大きな前進を勝ち取った。会社側が、いままで一方的に押し付けてきた契約更新条件に異を唱えることが難しかった契約社員の人たちに、正当な要求実現にむけての組合行動の必要性と、その成果が現実のものとなった。

取り組みは継続し、16年7月現在まで非正規労働者10人が加盟した。東京分会柴山委員長は、「春闘妥結以降の契約更新時の待遇改善のため、残念ながらまだ具体的成果の声はあまり拾えていない現状だが、昨年時契約社員枠まで拡げた周年記念報奨金の一律支給に喜ぶ契約社員の声は高かった」と語り、最後に、「賃上げはもちろん、多くの非正規労働者の最終的希望は安定した労働環境の正規社員への転換だが、当面は一部専門職社員の無期雇用転換の早期実現をめざしつつ、2017年9月の第69回定期大会には組合員約1割増の440人の組織実現にむけ、組織全体で活動を続ける。そして、それは実現可能と確信している」とその胸中を語った。

（**坂本誠一**／『月刊全労連』2016年10月号掲載）

7

生協労連／全労連・全国一般　広島合同労組・生協ひろしま福祉支部〈広島県〉

ストライキ権を確立して　要求実現へ

定期大会は学習から

広島県労連事務所がある広島ロードビルの3階大会議室。2016年7月10日（日）午後から生協ひろしま福祉支部の第9回定期総会が開催された。この日は折りしも参議院選挙の投票日。定期総会に先立って、ふたつのミニ学習会があった。その1つは「生協ひろしま福祉支部の誕生と労組のとりくみ」で、労組OBであり、福祉支部の結成に関わった榎裕子《えのきゆうこ》さんが語った。

榎さんは「福祉支部の前身は2003年4月に介護で働く8人が生協ひろしまパート労組に加入したこと。さらに2007年に生協労連介護部会の『介護労働者の交流集会』が広島で開催され、それに広島の介護関係労働者が参加したことをきっかけにして、新たな労組結成の機運が盛り上がり、2008年7月に45人で福祉支部が立ち上がりました。今の福祉支部のめざましい成長に驚いています」と当時を振り返って報告した。

2つ目のミニ学習は、福祉支部が加盟している広島合同労組の門田勇人《もんでんはやと》委員長が講師をつとめる

左から黒川哲也副支部長、依田智江支部長、福岡元子書記長、広島合同労組・植永光則書記長

生協ひろしま福祉支部の書記局がある広島ロードビル

「労働組合って知っていますか?」だ。学習会の中で特に門田委員長は「ストライキ権(争議権)の確立とストライキの行使」について強調した。「労働者の力を結集して総力を尽くし、要求を実現し、闘争に勝利することがストライキの目的。わかりやすくいえば、①要求の実現、闘争の勝利への決意を全体で確認し合い団結を固めること、②いつでも合法的な争議行為に入っていけること、③これらをバックに労働組合として強力な交渉力を生み出すこと」とわかりやすく語りかけた。

定期総会の場で、あえてストライキ権のミニ学習をプログラムに加えたのには理由があった。2016年春闘で、生協ひろしま福祉支部はストライキ権を確立して闘いをすすめ、実際にストライキを構えてヤマ場を迎え、ストライキの行使には至らなかったが、長年の懸案の要求を実現させた。定期総会で、こうした闘いを振り返りながら、再度「ストライキ権とは何か」を全体で学習したのだ。

大きく前進した2016年春闘のとりくみ

さて、実際に生協ひろしま福祉支部の2016年春闘を振り返ってみよう。

2月16日に2016年春闘要求提出に関わる団体交渉を行い春闘がスタートした。団体交渉には役員はじめ28人が参加した。春闘要求では、①福祉専門職の賃金を1万円底上げ(ベースアップ)すること、②ヘルパーのサービス業務における最低時給を現行の1120円から1200円に引き上げること。③嘱託職員や事務パートの賃金について、福祉専門職や生協のパート職員と同じ働き方になっており、賃金・一時金制度について合わせることなど、7項目を要求した。

団体交渉に参加した組合員からは、「同じ仕事をしているのに雇用の形態で一時金の支給に差別がある」「働き続けられる職場、辞めなくてもいい職場づくりへ、賃金や労働条件の改善を進めてほしい」などの切実な職場の声が出された。依田智江《よだともえ》支部長は「人材不足の中で、休みも取れない職場になっている。心身がリフレッシュされてこそ仕事の効率もあがる。『生協においでよ』と言えるような職場づくりをめざしたい」と団体交渉での労組としてのまとめの発言で締めくくった。

理事者側の回答を説明する団体交渉が3月15日に開催された。理事者側の回答は、①定期昇給はするが賃金の底上げ（ベースアップ）は困難なこと。②ヘルパーの時給引き上げはゼロ回答。③一時金について常用専門職員は年間1・30ヵ月（昨15年1・20ヵ月）。④ヘルパーのインフルエンザの費用補助を500円から1000円に増額というもの。組合側は、「定期昇給だけでベースアップがなく、春闘の回答にならないこと。常用専門職の一時金の前進はあるものの労組の要求に沿った内容になっていない」と評価を行い、あらためて2次回答を求めた。同時に組合は要求の実現に向けて初めてストライキ権の確立に向けて準備を進めた。

組合初の半日ストライキ配置へ

「一次回答は常用専門職の一時金の増額はありましたが、私たちの根強い要求である職場の仲間への一時金支給の姿勢がありませんでした。職場は欠員が多く、採用されてもすぐ退職の繰り返し。体制が取れない中での業務が続き、定年再雇用の嘱託職員の一時金はなく、時間契約の職員、アルバイトには年末での年1回の寸志の支給があるのみでした。理事会への不満や『検討します』『協議しま

生協ひろしま福祉支部の第９回定期総会
（2016年７月10日）

す』ばかりの姿勢に『いつまで待たせるのか』『具体的な回答をすべき』などの発言が相次ぎました。交渉の最後に理事会に対して『私たち（常用専門職）の一時金を原資にしてでも、福祉職場に働く労働者全員に一時金の支給を』と訴えました」と依田支部長は、組合としても引き下がれない強い思いを示した。

　福祉支部での初めてストライキ権の確立に向けて職場討議をすすめ、４月１日に投票を行い、投票率92％、賛成率98％の高率でストライキ権を確立した。４月15日に結成以来初めての始業時から半日ストライキを配置し、全国の仲間から連帯と支援のメッセージが寄せられるなかで、４月13日に２回目の団体交渉に臨んだ。理事者側は、①事業所ではたらく職員やアルバイト全員に夏季一時金を支給すること。②定年延長や退職金制度は今後整理し提案していくこと。などをはじめとした２次回答を示した。福祉支部は２次回答の内容について団体交渉を中断して臨時の執行委員会を開催し、①全員への一時金の支給の回答が示されたこと。②定年延長や退職金問題の提案姿勢が示されたこと。などを評価し、配置していたストライキを回避し、その日に「職場集会」を行い回答評価を行った。その後労組は職場に妥結提案を行い、妥結に賛成が労組員の過半数を大きく超える中で４月28日に「妥結」を理事者側に伝え春闘を終えた。賃金に関わる部分は５月の給与で、夏季一時金は６月10日に全労働者に支給された。

　「２０１６年春闘は福祉支部としてはじめてストライキ権投票を行い、ストライキの配置をして、ねばり強い交渉の中でみんなで前進した春闘でした。全国48団体の仲間から支援のメッセージをいただき、交渉で夏季一時金を事業所で働く職員やアルバイト全員に支給されたことは大きな収穫でした。２０１６

年春闘はみんなで前進をつくりだしたと評価しています。アルバイトなどの一時金は『寸志』程度の支給ですが、定年の延長や退職金制度の方向性も具体的になってきています」と振り返る福岡元子書記長はストライキを背景にした組合員の団結した闘いに手ごたえを感じたようだ。

未組織の登録ヘルパーの要求実現へ要求アンケート

生協ひろしまには、生協ひろしま労組、生協ひろしまパート労組、そして福祉支部と3つの組合がある。組織されているのは正規職員、パート職員、配送専門職、夕食配送職員。福祉常用専門職員、介護・福祉関係の時給職員の人たちだ。約500人いる登録ヘルパーの人たちは労働組合にほとんど組織されていない。

2016年春闘では、職場に約500人もいる登録ヘルパーに「要求アンケート」のとりくみを行った。登録ヘルパーはほとんどが未組織状態で、賃金・労働条件も劣悪だ。仕事の内容から、現場に直行、直帰というスタイルのため、日常的に接触がしにくい。まずは要求アンケートのとりくみから状況を把握し、要求や思いをつかんでいこうというものだ。アンケートは493人の登録ヘルパー全員に「戦争法」廃止の署名も同封して郵送した。回収できたのは109枚、戦争法廃止の署名には半数を超える279筆が集約された。

アンケート内容の項目では、職場の労働組合の存在について「知っている」が68人で、「知らなかった」は41人。「労働組合について知りたい（入りたい）」人も6人いた。「春闘で改善してほしいこと」の設問では、▼賃上げが何よりもありがたいです。10円でも、100円でも▼ガソリン代が少なすぎる▼交通費をあげてほしい▼移動時間が多いヘルパーさんをもっと厚遇してほしい▼若い人たちが働きやすいく楽しい職場を作ってほしい▼時給のアップ、退職金をだしてほしい▼労働組合の人たちはよくやってくれます。登録ヘルパーなのに一時金とかうれしいです……などなど、登録ヘルパーのみなさんのストレートな思いがいっぱいだ。

「登録ヘルパーの人たちと話をする機会は少ないですが、労働組合のことを見ているんですね。少しでも労働条件が改善されるように、このアンケートの貴重な声を生かしていきたいですね。引き続き登録ヘルパーの人たちに積極的に声をかけていきます」と、依田支部長は組織拡大を視野に入れて話す。

★利用者とその家族に笑顔の介護を

生協ひろしま福祉支部が、日々の活動を進めていくうえで、とくに大切にしている4つのことがある。それは、①利用者とその家族に笑顔の介護を、②誇りをもって働ける賃金・労働条件・身分保障の確立を、③みんなで笑顔の職場をめざそう、④ひとりぼっちのヘルパー、介護労働者をなくそう、の4つだ。これらを大切にしながら『みんなで考え、みんなで決定し、みんなで行動』を基本にして活動をすすめてきた。

2016年春闘での団体交渉のようす

生協ひろしま福祉支部では、春闘時期に「春の介護しゃべり場」に取り組んできた。生協ひろしまに働くヘルパーの「時給を上げてほしい。」「移動時間の手当てがほしい」などさまざまなヘルパーの悩みや意見、賃金などの要求と声を聞いてきた。

「この仕事にやりがいを感じるときは、利用者から『ありがとうね』と声をかけられたり、お誕生会などで涙をながして『参加してよかった』などと言われるときですね」というのは黒川《くろかわ》哲也《てつや》副支部長。黒川さんは保育の専門学校を出た保育士から福祉の仕事に入った。職場では数少ない男性のひとりだ。

福祉支部には組合の存在を示す顔ともいうべき機関紙がある。その名も機関紙『えがお』だ。文字どおり、組合がいつも掲げる第一のスローガン「利用者とその家族に笑顔の介護を」の思いが込められた機関紙だ。Ｂ４判１ページの小さい紙面だが、組合の活動、交渉内容、決まったことなどを漏らさず組合員や職場に届けている。

組合員拡大も旺盛に

２００８年の結成時に48人だった組合員は、２０１０年に67人、そして、２０１６年の定期総会現在で１４６人に増えた。みんなで学び行動しながら組合員の拡大を進めている。職場での未加入者への声かけや、定期的な「介護しゃべり場」を開催、ニュースの発行や共済の学習会など労組の役割や魅力をわかりやすく伝え、労組への加入を訴えている。とくに強調しているのが「労働組合の果たす役割」だ。

「労働組合がないと、職場での不満や要求、日々働いている人たちの思いを出して行く所がない。いかに労働組合が職場になくてはならない存在であるかをもっと訴えていきたい」と指摘するのは黒川副支部長だ。

福岡書記長は「職場の活性化という点ではとくに、福祉、介護の労働者はおとなしいので、いろんな思いがあっても、現状になじんでしまいやすい。他の職場の人たちとも積極的に交流をしていくことで職場が活性化していくと思っています」と介護労働者同士の交流の重要性にも触れてくれた。実際、２００８年の福祉支部の結成も、広島で開催された「介護労働者の交流集会」のとりくみがきっかけだった。現在も、生協労連や全労連・全国一般が開催する各種の集会や行事に積極的に参加している。また、生協労連介護部会、広島県労連の介護福祉労働者連絡会の上部団体にも役員を派遣している。

当面の目標は200人の福祉支部の実現だ。これから職場は秋季年末闘争に入る。生協ひろしま福祉支部のたたかいに注目だ。

（**西岡健二**／『月刊全労連』2016年11月号掲載）

8

JR職場に光と輝きを！働く者の要求実現へむけ、組織拡大にまい進

建交労・東日本鉄道本部 東京アクセス分会〈東京都〉

この頃、駅のホームやコンコース、ゴミ箱周辺、トイレなど、とてもきれいになったと思いませんか。今回は、駅舎やトイレ・車両の清掃などの職場で働く労働者で組織している、建交労・東日本鉄道本部東京アクセス分会への取材である。分会事務所は、上野駅と鶯谷駅のほぼ中間、線路際の崖地にへばりつくように建っている旧信号所を便宜供与されており、取材中ひっきりなしに通過する電車の音が心地よく聞こえていた。

清掃などの仕事は社会の中で軽んじられる傾向もあるが、その労働は想像以上に過酷で、会社から組合への執拗な攻撃の中、アクセス東京分会は組織拡大にまい進している。

取材当日は、アクセス東京分会分会長・川上哲男さんの他に、アクセス協議会議長・小野年《おのはじめ》さん、アクセス協議会事務局長・渡辺隆士《たかし》さん、東日本鉄道本部書記長・下山信好さんも同席し、快く対応していただいた。アクセス東京分会には、上野、東京、新宿、池袋に各班があり、東京と横浜ではアクセス協議会を設置している。

JR東日本からアクセス会社への請負業務は、現状維持「いつもきれいに」

（株）東日本環境アクセス（以下、アクセス会社）は、ＪＲ東日本グループの一員として、駅ビルやオフィスビル、ホテル、マンション、病院の清掃、設備管理を主な業務として、関東近県に事業所をもつ従業員３７５０人、年商１５７億円の大企業である。その内、正社員は４５０人程度で、正社員、契約社員、パート社員と雇用形態は様々、昇給制度や一時金、退職金制度の待遇面で大きな格差がある。

アクセス会社はＪＲ東日本から駅舎やトイレ・車両の清掃、整備業務を請負い、山手線内には５つの事業所がある。「駅の空間を利用する」「駅をきれいに」というＪＲ東日本の施策で近年、駅舎のリニューアル化が進み、トイレなども整備されてきたが、清掃道具は完備されておらず、チリ場（ゴミ集積場）はきれいに整理・整頓されておらず、蚊が飛び回り、足元にはネズミが走り回り、衛生管理が行き届いていない。こうした作業環境を放置して、アクセス会社の企業理念は「もっときれいに」と謳っている。目につくところだけ、きれいになのか。

左から渡辺隆士さん、川上哲男さん、小野年さん、下山信好さん（組合事務所　2016年９月20日）

訪問した上野事業所は、正社員、契約社員、パート社員を含めて約１５０人。勤務体制は、一昼夜勤務・夜勤・日勤勤務で、秋葉原駅から西日暮里駅間内の６駅と宇都宮線の尾久《おく》駅、ＴＸ（つくばエキスプレス）の秋葉原駅を担当している。

新入組合員歓迎会にて（2007年）

アクセス東京分会の結成

その職場に、建交労鉄道東京地本・東日本環境アクセス東京分会が結成されたのは、２００７年７月である。大企業ＪＲ東日本の関連企業に分会ができるということは大きな意義があった。当初、新宿事業所に組合員19人で組織し、要求を実現するため仲間を増やそうとみんなで話し合い、職場で対話と交流をすすめてきた。そして、第２回分会大会が開かれるまでの10ヵ月の間に９人の仲間を拡大し、新宿以外、上野などの事業所にも組合員が拡大し始めてきた。その後２０１２年、アクセス分会は組合員が50人を超え、その年ストライキを「打つ」までに至った。

過酷な労働環境と劣悪な職場実態

駅構内でゴミ箱の回収など容易に見えるかもしれないが、清掃は大変な作業であると言う。駅構内は広く、利用者も多い、ゴミ箱の数も半端ではない。特に大変なのは、チリ場の仕事だ。駅で集められたゴミを持ってきての分別作業。食べ残しの弁当や飲み残しのペットボトル・コーヒー缶の分別、燃えるゴミ・燃えないゴミの分別、なかには中身のわからない液体や注射針の混入まである。ゴミ袋は会社が経費削減で薄いものしか用意しない、現在はベトナム産だ。袋の角が弱いので結んで使用しているが、中央から破けることもある。さらに、ゴム手袋などをつけての作業はできない状況で暑い時期など一段と強烈な臭いが体に染み付く。チリ場には休憩するところはなく、スペースをつくって昼食をとることもある。

雨の日の床の水溜りの拭き掃除、雨がやんだあとのゴミ箱付近のビニール傘、雑誌の発行日は「拾い屋」とのトラブル、終電近くでは酔客の汚物（ゲロ）の処理を駅の社員からの掃除依頼、時にはホームでの排便の掃除まで依頼される。また、ホームは危険の宝庫、混雑する中で、台車を操る。列車や利用者との事故など起こしてはならない。利用者からは、チリトリがぶつかったとか、掃いたゴミがズボンについたとの苦情に駅社員から注意もある。

さらに、酔っぱらいに絡まれたり、客同士のいざこざの仲裁にも時間が取られる。いくつかの駅を担当するので、すべての駅のゴミ処理が終わった時には、すでに最終電車に乗り遅れ、となりの駅の休憩室まで歩いて帰るときもあったそうだ。

駅が休んでいるのは、1日のうちのわずかだ。朝は5時前から灯りが点り、午前1時過ぎまで活動している。そこで働く人びとも同様となる。

指差し点検、列車の清掃作業

アクセス職場の勤務の多くは、朝9時から翌朝9時まで、途中休憩時間が8時間半あり、15時半の拘束となる。作業ダイヤ上、2時半から6時半が仮眠となっているが、最終電車の大幅遅延により清掃や清掃道具のあとかたづけが遅れると仮眠に入れないこともままある。この勤務が、月に平均で11回から12回ある。変形労働制を敷いているので、週40時間を超えることもある。

社員が年間、千人近くも入れ替わる異常な会社

「楽な清掃」と見られることもある職場、その実態は以上のように過酷だ。では、その賃金実態はどうか。契約やパート社員の賃金は毎年ベアゼロ、今夏の一時金も正社員にわずかにアップがあっただけだ。

政治課題も加味した横断幕を作成し、
春闘宣伝行動（上野・岩倉高校（鉄道学校）
の前　2015年３月６日）

さらに、アクセス会社は利益を上げるため、業務を拡大し、人を減らしてその利益を上げてきた。サービス労働があたり前、労働者に労働者を監視させる会社の施策、低賃金で「奴隷のように働かされている」との声も聞こえる。このような、人を人とも思わない会社の姿勢に、アクセス職場には10人が就職しても次の日には8人が辞めてしまう。会社の幹部でさえ、「社員が年間、千人近くも入れ替わる異常な会社」と言わしめるほどだ。

雇用契約は、契約社員が6ヵ月、パート社員が3ヵ月で雇用継続を繰り返す。役員はすべてJR会社からの天下り、正社員のごく一部は部長職までは昇格できる。正社員になるためには、登用試験がある。登用試験の受験資格は会社への貢献度で決まる。貢献度とは、①ハッピーポイントの獲得、②改善要求の提出、③標語の提出、④発表会への参加、などである。

ハッピーポイントとは、アクセス会社のホームページによると、「職場の仲間の『いいな』と思う行動をほめる（認める）と、ほめた人・ほめられた人それぞれにポイントが貯まるという仕組みです。社員が互いにほめ合うことを通じて、サービスの原点である『人間尊重の精神』（相手を尊重し、思いやる心）の醸成と気づきの風土づくり、働く意欲の向上を目的に取り組んでいます」と報じている。

他の貢献度も同様であるが、無償で本来業務以外の「サービス」を競い合わせ、報告し合うことで、モチベーションを高め、会社への貢献度を競うものである。労働者の権利や要求はそこにはない。川上分会長は、「ほめ合うことでは職場は良くならない、単に社員同士のキャッチボールではないか」と断罪する。

★働きがいのある職場をめざして

アクセス東京分会の上部組織である東日本鉄道本部は、組織強化・拡大をめざす「運動の柱」を以下のように位置づけている。「ＪＲ・関連職場で建交労の組織的力量を引き上げることは、ＪＲの安全・安心を職場から支えるうえで切り離すことができない課題。ＪＲ各社は成果主義制度のもとで労務管理をいっそう強め、労働者の誰もが日常的な競争を強いられ、評価・査定の圧力を受けながら会社から言われるままに過密労働をこなしている。職場に渦巻く不平・不満をつかみ、解決を道筋に示しながら、組織拡大に踏み出すならば現状を打開できる条件が拡がっている。建交労を魅力ある、頼りになる労働組合として、信頼される組織活動を通して、新しい仲間を迎える取り組みを全組織・全組合員の日常活動に位置づける」。

結成５周年団結集会（2012年７月18日）

これに応えるように、アクセス分会は職場要求実現と組織拡大に全力を挙げている。基本にあるのは、働きがいのある職場の実現だ。昨年（15年）は９人新しい仲間を迎えたが、仕事がきつい、賃金が安いとの理由で別のＪＲ職場などに移ってしまった人もいる。組合員を拡大しても、拡大しても、職場のつらさや低賃金の中で、職場を辞めていってしまう。しかし、組合への期待は大きいから組合に加入してくれた。今年はこれまで、２人の組合員を迎え、現在25人の組合員が奮闘している。

これまでに、加入を決意した人からは、「たとえ1分でも作業時間を超えればお金を払うのは当然であり、それを無しにするのはおかしいでしょ」（女性パート社員）、「一人で声を上げても、何回言っても解決しない、頭にくる、だから組合に入る」（男性契約社員）、他の人より仕事が雑だ、いい加減だと中傷され、職場でいじめにあっていた人は、組合からのアドバイスで、労働者の悩み・要求は一人ひとり違うが、みんなで考え、知恵を出し団結すれば要求は解決することができると確信を持ち、加入を決意（女性契約社員）、若い男性パート社員２人は、最近入った人より賃金が低く、ぜんぜん賃金が上がらないし、仕事がきつくなってきた、若い組合員との交流もあったことで、自分の要求を解決したいと２人同時に加入を決意した。

職場の不満を要求に変え、実現をめざす

アクセス分会は、社員の不満を要求に変え交渉を繰り返す中、いくつかの要求を実現してきた。それは、「ネズミの駆除」や「遺失物の管理ルールの作成」「便洗（トイレそうじ）手当の支給」「職場での組合掲示板の設置」「本人の望んでいない日に年休を指定しないこと」「年間休日の増加」「業務の都合で休憩時間に作業が食い込んだ時間についての超過勤務手当の支払い」「チリ場の増員」「休憩室のシーツの毎日取替、布団の月に一度の取替」などだ。

「満額回答」とまではいかないが、運動をしていく中で、成果は少しずつでも現れる。

しかし、便洗手当は、当初１２００円獲得したが、いまでは５００円に引き下げられた。しかも、パート社員には、同じ仕事をしてもわずか１００円でしかない。

展望を持って、組合員全員の力を借りて組合加入を訴える

アクセス分会は、これまでの取り組みから、以下の組合員拡大の教訓を得た。それは、①展望を持って、組合員がふえれば要求は解決する、職場が変わるのだということをしっかり学習したこと、②

執行部で討議し、拡大対象者を明確にする。役割分担を決め、役員だけで動くのではなく組合員全員で動く、組織全体の行動とすること、③交流を深め、つながりを強め、組合員全員の力を借りて組合加入を訴えることだ。

最後に、アクセス協議会小野議長は、「私たちはこの間、新組合員を含めた全組合員による学習活動に取り組んできた。労働者にとって働くことは生きることそのものだ。日本国憲法は、生きる権利、働く権利、その実現のためにたたかう権利を保障している。しかし労働者一人ひとりは企業に対して弱い立場にあることから、黙っていると権利の保障どころか働く条件も悪くなるばかりだ。そのために、私たちはアクセス職場に労働組合を作り、結集した集団で様々な要求の実現や権利を確立するために立ち上がっている。職場に働きがいを見つけ、国民本位の政治に転換させ、人間として生き生きと暮らし続けることのできる社会をめざした、大きな気概を持って運動の前進をめざしたい」と力強く語った。

（**坂本誠一**／『月刊全労連』２０１６年12月号掲載）

9

競合のもとで青年の組合加入を継続

JMITU川本製作所支部〈愛知県〉

JMITU労組の活動と誇り

JMITU（日本金属製造情報通信労働組合）は金属機械、電機、鉄鋼、自動車などの金属関連、コンピュータ、ソフト、電信電話など情報通信関連産業で働く仲間を中心につくっている全国組織の労働組合だ。日本IBMや日産自動車、ニコン、NTTなどの大企業から中小企業まで全国約300の支部・分会がある。

「働く者の権利とくらしをまもる」ことは、労働組合の本来の目的だ。しかし残念ながら、民間、とくに大企業関連の労働組合では、その本来の機能が十分に果たせていないのが現状だ。いまこそ労働組合の存在価値がためされているときでもある。JMITUには工場閉鎖を許さず職場をまもりぬいている仲間、希望退職の強要や子会社・分割会社などへの賃金ダウンの転籍、賃金カットなど、働く者の雇用とくらしを犠牲にするリストラとたたかっているたくさんの仲間がいる。

JMITUは、雇用やくらしの問題で政府や自治体にも積極的に働きかけ、反核・平和の問題でも

大阪で開催された「金属労働者のつどい・西日本集会」で発言する川本製作所支部の青年たち（2017年３月５日）

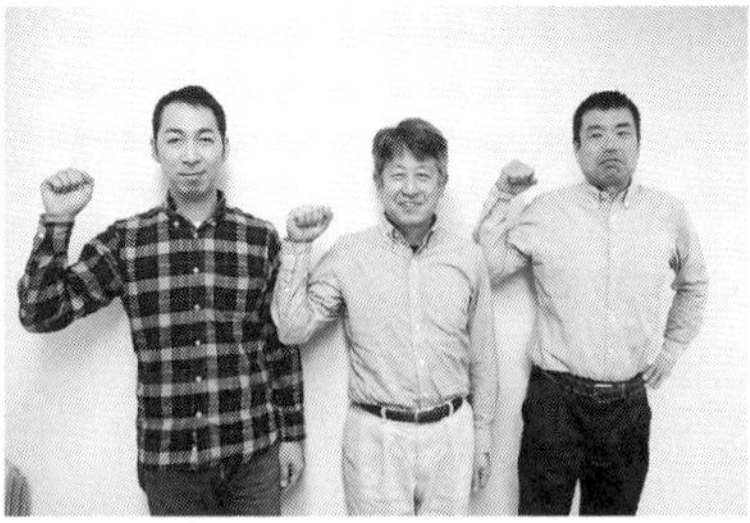

左から成瀬健生副委員長、早川雄一委員長、麻生秀紀書記長

積極的なとりくみをおこなっている。

日本の政府は大企業・財界の要求にそって、働く者の権利をどんどん奪いとろうとしている。解雇の「原則禁止」を「自由」としたり、低賃金でいつでも首切り自由の派遣労働者をすべての産業に入れられるようにするなど、労働基準法などの改悪をすすめている。

また、ＪＭＩＴＵの魅力の一つは平和運動に熱心なこと。平和でなければ、労働者、国民のくらしも仕事もなりたたない。「平和であってこそ労働運動もある」と、毎年の原水爆禁止国民平和大行進では、東京・夢の島から広島までの平和行進で、「リレー旗」をつないでいる。沿線の職場の仲間が休暇をとり、のべ５００～６００人が参加している。毎年、広島・長崎で開かれる原水爆禁止世界大会には、職場からたくさんの代表を派遣している。反核・平和運動にも熱心な労働組合であることがＪＭＩＴＵの誇りでもある。

2017春闘に全力

「春闘は終わった」などといわれる昨今、「生活の向上を求め、要求するのは労働者としての当然の権利」と、春闘での賃上げ、夏・冬一時金の要求も堂々とおこない、労働組合の垣根、企業の枠をこえて労働者の要求でたたかい、職場で賃上げをはじめとした要求を実現している労働組合も全国に少なからずある。愛知県・岡崎市にあるＪＭＩＴＵ川本《かわもと》製作所支部も、連合加盟労組と競合しているなかで、要求実現、組合員拡大に奮闘している労働組合である。

「金属労働者のつどい・西日本集会」でデモ行進（2017年３月５日）

株式会社川本製作所は、愛知県名古屋市に本社を置くポンプの製造メーカーである。川本ポンプのブランド名を用いる。１９１９（大正８）年5月17日創業。ビル設備用から家庭用・産業用・農事用など幅広い用途で活躍するポンプメーカー。年間22万台の生産規模で消火用ポンプはシェアトップ、家庭用ポンプでは「省エネ大賞」受賞など業界をリードしているという。

川本製作所にはいま2つの組合がある。１９７２（昭和47）年に労働組合が結成され総評・全国金属に加盟したが、１９８０年代後半の労働戦線統一問題が起こったときの１９８８（昭和63）年、上部団体加盟をめぐり会社の思惑に沿って分裂し、１９８９（平成１）年4月に新たに連合加盟の第二組合（ＪＡＭ労組）ができた。分裂当初は第一組合には２２０人を超える組合員がいたが、会社側の新入社員取り込みの策動と、定年による退職のなかで、今では従業員約７４０人うちの大半が第二組合の組合員だ。全労連加盟のＪＭＩＴＵ川本製作所支部の組合員は現在50人足らずで少数派だが、その存在感は大きい。

２０１７春闘さなかの3月5日、大阪市中央区の「エルおおさか」（大阪府立労働センター）で「２０１７春闘を元気にたたかう西日本金属労働者のつどい」が開催された。このつどいは１９９９年から始まり、今年で19回目になる。愛知県から西の金属労働者が集結し、会場いっぱいの９００人が集った。同じ日に東日本集会が東京で開催されている。

西日本のつどいには川本製作所支部も早川雄一委員長を先頭に青年組合員など17人が参加した。壇上に並んだ川本製作所支部の青年は「この２０１７春闘、青年らしく元気いっぱいたたかい、要求を前進させたい」と決意を語った。また、集会恒例の春闘標語の表彰では、参加者の投票によって「遠のく年金近づく増税、広がる格差もう限界、悪政阻止する17春闘」が選ばれた。集会後のデモ行進では休日の大阪の繁華街を「ガマンも限界、大幅賃上げと均等待遇で働く者の生活を改善しよう」「最低賃金いますぐ１０００円、全国一律最低賃金制を実現しよう」「残業代ゼロ法案阻止、長時間労働を是正し過労死をなくそう」と、道行く人に呼びかけた。

　川本製作所支部では例年、春闘に向けたとりくみのひとつとして年末に「金属労働者のアンケート」にとりくんでいる。今春闘でも連合加盟労組の組合員を含め１１０件以上を集めた。それぞれの職場で、「年齢が近い」「職場が近い」という、『二つの近い』で、職場の仲間と対話し身近な声を丁寧に拾い集めて力にしていく努力をしている。今春闘での川本製作所支部の要求は、賃上げでは「一律１万５０００円引き上げ」だ。春闘のさなかの3月7日にはストライキを構えて、団体交渉、早朝の職場門前ビラ配布で要求実現を迫った。

2017春闘の３・７ストライキ集会
（2017年３月７日）

　ＪＭＩＴＵの大きな活動の柱に「二方面のたたかい」がある。職場要求はじめさまざまな要求を実現するためには、職場での対経営者とのたたかいだけではなく、景気の安定、中小企業と地域経済の再生、さらに労働法制や社会保障制度の改悪に対するたたかい、憲法、平和、民主主義を守るたたかいなど、対政府とのたたかいがなくてはならない。早川雄一委員長はこうした二方面のたたかいについて「政治や社会に関心を持ち、そうした視点から要求とたたかいについて考える組合員が増えることは、とりもなおさず労働組合の団結を強め、組織力を強化することにつながります」とキッパリと指摘する。

西日本集会でのパレード（2017年３月５日）

職場の新しい変化と組合員拡大

定年などによる組合員の減少が続く中で、川本製作所支部は組合員の減少に歯止めをかけようと、組合員の拡大にはとくに力をいれてきた。「組織拡大なくして要求実現なし」の思いでとりくみをすすめてきた。

だが、組合員拡大の困難は長く続いた。職場では労働組合が競合するもとで、会社は新入社員を川本製作所支部に加入させない方針を貫いてきた。大卒には採用時に事前研修の場で徹底させ、高卒には連合加盟組合の先輩たちが日常的に面倒をみるやり方で包囲してきた。こうして若年層はＪＡＭ組合員が圧倒的になるなかで、組合員拡大はますます困難になり、組合勧誘の話をしても断られることが続くと足が出にくくなり行動が停滞していく事態になった。

10年ぐらい前からは、今の力関係では加入しないのが当然と割り切り、新入社員に対しては「訴えること」と「仲良くなること」に力点をおいた。春闘などでの職場での声かけや飲み会などの企画を作っていった。数年前から、「ＪＭＩＴＵに加入してほしいと訴えなければ、加入しない」というＪＭＩＴＵの組織拡大方針を受けて、率直に「入って欲しい」という訴えを重視することにしてきた。こうしたなかで、２００９年に2人、２０１０年に1人、２０１２年に1人という組合員拡大の成果をあげてきた。

この数年の情勢の変化も、組合員拡大に力を与えた。２０１４年春闘で、会社側はベア無し回答と合わせて「社会保険料の負担割合の改悪」を押し付けようとした。ＪＡＭ労組の会社べったりのたたかわない姿に、２人の青年が脱退して川本製作所支部に加入してきたのだ。ＪＡＭ労組を脱退して全労連加盟組合に加入するなどというのはよほどの怒りと勇気がなければできるものではない。

こうした状況に会社側は、２０１４年７月に「社会保険料の負担割合の改悪」提案を撤回した。そして11月になって新たに会社側が提案してきたのが「新人事制度」案だった。「新人事制度」案は、転勤や職種変更の有無によって給与に差をつけるなどの賃下げ提案だ。

川本製作所支部はもちろん「新人事制度」案の導入反対だが、ＪＡＭ労組は導入前提で条件交渉に推移した。工場勤務者は、賃下げが想定されるため、ＪＡＭ労組の組合員でも反発が多かった。しかし、職場レベルでは反対の声をあげても、労組幹部の説得などによって封殺されていた。

川本製作所支部ではこうした職場の声を聞く会を開催しながら、青年との交流を地道に継続させた。こうした働きかけで、２０１５年７月に２人の青年が川本製作所支部に加入した。２０１５年11月にはＪＡＭ労組が翌年４月の導入を大筋で合意した。導入を目前にした２０１６年２月には３人の青年が川本製作所支部に加入した。「ＪＡＭ労組は多数意見ばかり聞いて弱い立場のことをまったく考えてくれない。そのことに不信感を抱いて組合を移る決断をしました」「組合のすることに反対だったが発言できずにいました。意見の言える組合に移ることを決意しました」「川本製作所支部の人たちは仕事や青年の将来のことも心配してくれていた。自分もそんな組合の力になりたい」。このように３人は率直な思いを語っている。

第45回定期大会（2016年７月23日）

「会社の好業績が続く中で、賃下げとなる『新人事制度』を導入する会社や、同調する組合に対する不満が根底にあるとはいえ、職場の仲間が熱心に加入を訴え続けた結果です。また、組合ニュースや門前配布のビラなどで組合の主張を発信し続けてきたことも大きいですね」と、今春闘での門前配布ビラに目をやる早川雄一委員長だった。

「仕事はまじめに、要求は大胆に、闘争は活発に」

川本製作所支部の結成から掲げる恒久的なスローガンは「仕事はまじめに、要求は大胆に、闘争は活発に」だ。「このスローガンは一見ありきたりですが、ぼくは大好きなんですよ。会社に入ってもう30年です。組合が分裂攻撃にあう直前に入り、2年後に分裂しました。この数年若い組合員が増えたことで、『がんばらないと』というプレッシャーも少し感じていますが、これからも組合の団結を大事にして、仲間を信じて活動を進めていきたいですね」と早川雄一委員長はニッコリと笑顔で話してくれた。

団塊世代の退職が落ち着いたが、毎年数人の組合員の退職が続いている。

「組合員拡大はたいへんだけど、やればできる。仲間が増えるのが一番うれしい。それこそが要求実現に直結する」「対話もたいへんだけど、率直に、熱心に、心を込めて川本製作所支部への加入を訴えることを、全組合員が少しでも実践する」。川本製作所支部の組織拡大の合言葉である。川本製作所支部のがんばりで現在の賃金・労働条件を獲得し、維持してきている。会社の後押し（ヒモ付き）労組では職場の労働者の要求や気持ちには応えられないことはあきらかだ。

2016年4月、職場に「新人事制度」がついに強行導入された。導入から1年。いま、支部では制度の問題点の整理と検証をすすめている。

（**西岡健二**／『月刊全労連』2017年5月号掲載）

10

郵政ユニオン近畿地方本部〈大阪など6府県〉

巨大資本の日本郵政グループに真っ向勝負

均等待遇実現へ多彩な活動に職場の共感

郵政産業労働者ユニオン、略称は「郵政ユニオン」。2012（平成24）年7月1日に、郵政産業労働組合と郵政労働者ユニオンが組織統合して結成された単産だ。現在、日本郵政グループおよびその関連職場に働く労働者を中心に、北海道から九州まで全国9地方本部・132支部を構成し、ナショナルセンターである全国労働組合総連合（全労連）と全国労働組合連絡協議会（全労協）に加盟している。組合員はいま2000人弱である。一方、日本郵政グループ内には、多数組合の日本郵政グループ労働組合（略称JP労組）がある。

日本郵政グループは政府が90%の株式を保有する持ち株会社「日本郵政」と、傘下の「日本郵便」「ゆうちょ銀行」「かんぽ生命保険」で従業員が40万人を抱える巨大企業である。

郵政ユニオンは、郵政関連職場で働く労働者なら、正規社員、非正規社員を問わず、ひとりでも入れるユニオンとして、全国で活動している。郵政ユニオンは、労働環境を改善し、労働者の権利を向上しながら、人間らしく働ける職場と労働者が普通の暮らしを維持できる収入と社会保障を実現し、幸せに働ける社会の実現をめざしている。郵政労働者の権利や労働条件を前進させる立場と、国民生活に不可欠の公共サービス、利用者の利益をまもる運動を結合した多彩な活動を展開している。

毎年実施している国民春闘生活アンケートは、正規職員・期間雇用社員から約５０００人の回答を得るなど組合員以外の要求も広く組織している。春闘ではストライキ権を確立し、「非正規労働者の均等待遇」を求めて運動を展開している。また、人減らし「合理化」に反対し、大幅増員を求めるなど労働者の切実な要求の実現をめざすとともに、憲法改悪反対、消費税増税反対など平和・民主主義を守る課題や国民生活、社会全般にかかわる問題にも取り組んでいる。

「みんなで決め、みんなで闘う」という、まさに組合員が主人公の活動を基本に、組合員の政党支持・政治活動の自由を保障し、要求にもとづく共同行動をすすめている。さらに、産業別の闘いと地域住民との共同をすすめ、国民的な要求実現のとりくみを進めている。とくに、非正規社員の正社員化と均等待遇実現に向けた運動に力を入れており、非正規労働者はもちろん、小包の受託者も郵政ユニオンに加入している。

熊谷福明委員長（右）と板敷浩史書記長

全国に9つある地方本部のなかで、関西の6府県（大阪、京都、兵庫、滋賀、奈良、和歌山）をエリアにした近畿地方本部を取材した。大阪市北区の大阪北郵便局庁舎にある近畿地方本部の組合事務所を訪ねた。熊谷福明《くまがいふくあき》委員長（53歳）と板《いた》敷浩史《じきひろし》書記長（50歳）がいた。

「組合員はいま正規、非正規の労働者が半分づつですね。郵政グループでは、近年は正社員の新規採用者がほとんどいないので非正規が増える一方です。職場では要員不足、長時間過密労働、営業ノルマの強化、自爆営業（企業の営業活動において、従業員が自己負担で商品を購入し、売上高を上げる行為のこと。全てはノルマ達成のために行なわれる）の強要など、問題が山積みです」と熊谷委員長は職場の実態を話す。

今通常国会の4月4日、梅村さえ子衆議院議員（日本共産党）は衆議院総務委員会で日本郵政のグループ企業「日本郵便」におけるパワハラやサービス残業の是正を求めるとともに、企業の「ブラック」ぶりを追及した。日本郵便が労働時間管理に客観的記録ができるタイムカードを活用せずに、事前に残業時間を「超過勤務名簿」に記載させる方式をとっている点について、「サービス残業がなくならない根本原因だ。郵便局で最も忙しい12月、1月の残業時間上限が過労死ライン（をはるかに超える）の160時間だ」と指摘している。

2017春闘では要求実現へ果敢にストライキ

郵政ユニオンは、2月21日に今春闘の要求書を日本郵政グループに提出した。2月28日には「近畿地方本部春闘決起集会」を80人で開催し、集会後はデモ行進をした。3月6日には郵政ユニオン中央本部が「2017春闘勝利！郵政非正規雇用労働者の均等待遇と正社員化を求める本社前要請行動」を開催し、近畿地方本部から14人が上京した。このとりくみは全国から200人が結集し本社前での集会と3万6000筆あまりの署名を提出した。郵政関係の非正規雇用労働者の均等待遇と正社員化を求める院内集会には、共産党、社民党の議員、民進党の秘書も参加した。

要求書の提出以降、7回にわたる交渉を積み重ねたが、回答指定日の3月16日に示された回答は、ベア、時給の引き上げはまったくのゼロ回答。正規職員への登用で若干の緩和をはかったぐらいのものだった。JP労組が早々と妥結して収束するなかで、局面の打開と、要求の実現を掲げて、郵政ユニオン中央本部は3月22日にストライキ突入の指令をだした。指令に応えて、3月23日、郵政ユニオ

京都西支部のストライキ集会（３月23日）

灘支部のストライキ集会（2017年３月23日）

ンの13拠点25職場でストライキに突入した。

近畿地方本部では、京都西、新大阪、神戸中央、灘の4局を拠点にして、8職場でストライキに突入し、会社側に怒りと抗議の姿勢を示した。

灘支部では午後1時45分から組合員6人が3時間のストライキを決行。突入集会には組合員はじめ支援者や地域の労組などから80人が支援と連帯に駆けつけた。駆けつけた板敷書記長は「近畿で4つの拠点でストライキに入っている。会社側の理不尽な回答に怒りの声をあげよう」と強調した。京都西支部では午前8時から組合員7人が1時間のストライキを決行した。「ストライキ決行中」の大きな横断幕が庁舎前にたなびく。2年ぶりのストライキ実施となった神戸中央支部では7人がストに参加した。早朝のストライキ集会には組合員、地域の仲間、郵政ＯＢ、支援者など80人が駆けつけた。ストライキに立ち上がった組合員は「民営化になって失うものもたくさんあったが唯一私たちが手に入れたものがストライキ権。心を一つにして最後まで闘う」と意気高く決意を示した。新大阪支部では会社側が動員した管理者に対峙するように、郵政ユニオンの仲間など80人がストライキ集会を開催。新大阪支部では8年ぶりで4人がストライキを貫徹した。

「組織統合して5年。多様性を持った多くの仲間とつながりを持って行動できたことが大きいし、今ほど私たちが必要とされているときはないと思う」と、この数年を振り返りながら話す熊谷委員長は確かな手ごたえを感じているようだ。

本社前での集会（3月6日）

3月28日には小雨が降る日本郵政近畿支社前で「２０１７春闘勝利！　近畿支社前決起集会」を開催した。「今春闘の要求は前進していないが、要求は闘いとるもの。粘り強く闘い続ける」と熱い思いが広がる。２０１７春闘では、2年連続のベアゼロ回答はじめ、ほとんど要求は具体的に前進していない。しかし、粘り強く、意気高く、団結を固めて郵政ユニオンの闘いは続く。

「労働契約法20条裁判」に8人が立ち上がった

いま、郵政ユニオンの大きな闘いのひとつになっているのが「労働契約法20条裁判」だ。労働契約法第20条は「有期労働契約を締結している労働者の労働契約の内容である労働条件が、期間の定めがあることにより同一の使用者と期間の定めのない労働契約を締結している労働者の労働契約の内容である労働条件と相違する場合においては、当該労働条件の相違は、労働者の業務の内容及び当該業務に伴う責任の程度（以下この条において「職務の内容」という。）、当該職務の内容及び配置の変更の範囲その他の事情を考慮して、不合理と認められるものであってはならない」とある。

同一の使用者と労働契約を締結している有期契約労働者と無期契約労働者の間で、期間の定めがあることにより、不合理に労働条件を相違させることを禁止するルールだ。２０１３年4月の同法施行から4年が過ぎた。現実はどうか。正規労働者と非正規労働者とが同じ職場で同じ仕事をしているのに、給料も異なり、非正規労働者には昇給もなく、諸手当やボーナスは大きな格差が存在し、悲惨な状態が「当たり前」のように横行しているのが実態だ。

いまや郵便局で働く労働者の約半数は非正規労働者だ。正規職員との差は、夏期・冬期休暇、病気休暇の付与、業務手当、夏期・年末手当、住居手当、扶養手当など多岐にわたっている。

２０１４年6月に提訴をした大阪地裁では近畿地方本部の８人の組合員が原告になっている。原告を先頭にして、全国各地に足を運んで裁判の意義や「裁判を支える会」への加入を訴えている。20条にちなんで、毎月20日には大阪駅前で宣伝行動を展開している。

「正規社員も非正規社員も同じ仕事を日々繰り返し行っているのに、ミスや失敗に対するペナルティは非正規の方が厳しい。それなのに各種手当、一時金、休暇など労働条件での差別が大きい。この裁判は郵政職場だけではなく、全国の非正規労働者、期間労働者にも影響する闘いです。同一労働同一責任であれば同等の労働条件が当たり前の社会にしなければなりません。均等待遇の実現に向けて、この裁判は絶対に負けられません」と、熊谷委員長は語気を強めた。

裁判は２０１７年5月から6月にかけて4回の証人尋問が行われた。原告側の各証人たちが職場の実態をつぶさに証言した。いよいよこれからが正念場である。

郵政産業ユニオン 近畿
第76号
2017年
3月23日・近畿地方本部 4拠点でストライキに突入!!
全国では13拠点25職場で決行!!
京都西支部 7名がストライキ貫徹!! 熱い地域の支援と期待!!

近畿地方本部の機関紙

地本も支部も活動は多彩です

近畿地方本部の多彩な活動のひとつに、「イジメ、パワハラ、セクハラの根絶」がある。「とくに貯金・保険の職場でのイジメ、パワハラが横行しているんです。職員がJP労組に相談に行ってもほとんどまともに相手にされないので、こちらの組合に相談に来るんです。上司からモノを投げられるケースや、メンタルで亡くなるケースもあります」と、板敷書記長は局の建物から飛び降り自殺をはかった具体的な事例も話してくれた。

第88回大阪メーデーのデコレーションコンクールで第１位になった西淀川支部制作の「怒りの大魔神」

ユニークなのは性同一性障害を抱えて、男性から女性への性転換を行った組合員を支えるとりくみだ。ほとんど男性で占められていた職場だったため、この問題では本人の思いや要求を聞いて、ロッカー、トイレ、制服などを局側に要求して実現させた。当の組合員はいま、生き生きと日々の仕事と生活をおくり「孫には、おじいちゃんと呼ばせるか、おばあちゃんと呼ばせるか、どうしよう?」と笑って話しているという。

機関紙の発行も重要なとりくみのひとつだ。近畿地方本部では『郵政産業ユニオン近畿』を月1回以上発行している。春闘期は速報版を随時に発行し、組合員への情報発信と団結に大きな力を発揮している。

各支部の活動も多彩で個性がある。近畿地方本部は「支部活動の4つの重点」を示している。①会議の開催、②機関紙の発行、③交渉・要求書の提出、④組合員集会の4つだ。大阪北支部は２０１７年春闘で組合員全員集会を開催した。神戸中央支部では機関紙を週3回発行しており、現在、４９００号を突破した。２０１７年春闘では、京都西支部、神戸中央支部、灘支部、新大阪支部でストライキを貫徹した。

5月1日のメーデーには全労連、全労協の双方の集会に参加している。大阪市北区の扇町公園で開催された第88回大阪メーデーには、近畿地方本部の大阪府協議会傘下の各支部から多くの組合員が参加した。恒例の「デコレーション・プラカードコンクール」で、西淀川支部が制作した「怒りの大魔神」が見事に第1位を獲得し、賞状と副賞をゲットした。世の中の不条理に目を覚まして顔を真っ赤にして怒る大魔神のように、郵政ユニオン近畿地方本部の闘いは続く。

（**西岡健二**／『月刊全労連』２０１７年７月号掲載）

追記　郵政ユニオン組合員である有期契約社員ら８人が、正規職員と同じ仕事なのに手か当などに差があるのは労働契約法20条違反であるとして大阪地裁で争っていた訴訟の判決は、２０１８年２月、年末年始勤務、住居、扶養の各手当について「契約社員に支給がないのは不合理」として、それぞれ正規職員と同額の支払いを命じた。

勝利判決を力に、労働条件の引き下げを狙う春闘回答に抗議する本社前集会（2018年４月19日）

一方、日本郵政グループは正社員のうち約5千人の住居手当を２０１８年10月に廃止すると提案。正社員の待遇を下げて格差の是正を図るのは本末転倒であり到底、認めることはできない。郵政ユニオンは、２０１８年春闘で要求書を提出し交渉を積み重ねてきたが、三年連続のベア見送りと「均等待遇要求」についてはゼロ回答。東西の〝20条裁判〟判決を受けて、有期契約労働者の「正社員化と均等待遇」を迫っているが、中身のある回答はなく、むしろ期間雇用社員の中に差別を持ち込む不誠実なものとなっている。郵政ユニオンはこうした会社の姿勢に抗議し、３年連続のベアゼロを許さず、均等待遇を求めてたたかいを強めている。

（寺間誠治）

11

全教・神奈川県立障害児学校教職員組合〈神奈川県〉

障害児教育に光を！ どの子にも発達の保障を！

今回のルポは、神奈川の県立障害児学校の教職員で組織している、神奈川県立障害児学校教職員組合（以下、神障教組《しんしょうきょうそ》）である。障害児学校の現状と問題点について探った。

神奈川県の横浜駅近くの神障教組の事務局に村田豊委員長と佐藤和男書記長を訪問した。村田委員長は、開口一番、障害児学校の最大の問題は「過大規模・過密化」と答えた。

すし詰め状態の教育現場、生徒数の増大に追いつかない学校建設

障害児学校に通学する児童・生徒が増えているにもかかわらず、増加に見合う学校建設が行われていない。県立障害児学校に通学する子どもの数は、２０００年頃から急激に増え始めた。２０００年には約３０００人だった児童・生徒数は、２０１６年には５７００人へとほぼ倍増した。

しかし、学校建設は21校から28校へと7校が新設されたのみであった。そのため、適正規模を大きく上回る子どもたちが詰め込まれている実態だ。神奈川県では適正規模の2倍を超える学校さえもある（全国では3倍を超える学校も実在）。

障害児学校新設が必要な地域（県教委設置の協議会2006年3月答申）

☆→特に設置を急ぐ最優先地域　□→協議会答申以降に開校した学校
○→適正配置に向けて新設が必要な地域

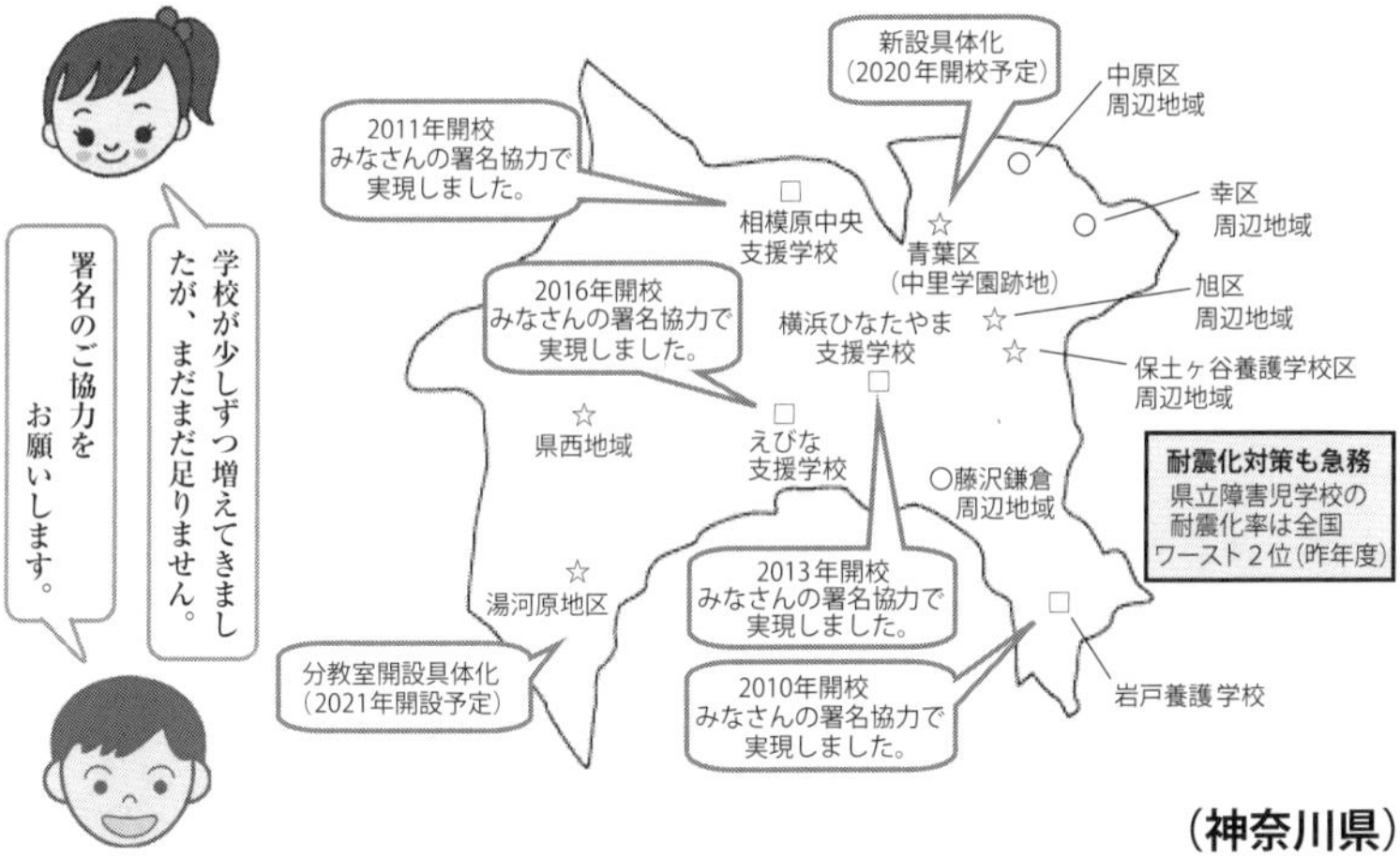

（神奈川県）

このような過大規模・過密の実態からくる弊害は多岐にわたる。

「普通教室が足りず、特別教室の普通教室への転用が常態化」「運動会や始業式等が学校全体で行えない」「教室、廊下に間仕切りをして、授業や更衣」「トイレ不足で待っている間に失禁してしまう子ども」など、人権侵害とも言える問題が起きている。

「設置基準」のない障害児学校

小中学校等の場合は、子どもが一定数増えれば、必ず新しい学校が建設される。それは設置基準が策定されおり、それに基づいて学校建設を行わないと法令違反となるからだ。

設置基準は、幼稚園から小中学校、高校、大学、各種学校に策定されており、学級の編制や校舎・運動場の面積等が定められ、備えるべき施設も明記されている。

その設置基準が障害児学校だけにはないのだ。適正規模の2倍の子どもたちが詰め込まれていても、法令違反とはならない。子どもの増加に見合う障害児学校の建設が行われない根本的な要因は設置基準が策定されていな

障害児教育の拡充を訴えた宣伝行動
（2013年５月14日、横浜駅前）

豊かな障害児教育の実現をめざす院内集会
（2014年６月11日）

いことにあるのだ（設置基準策定を求めるとりくみは後述）。

神奈川県の障害児学校建設を求めるとりくみと逆流

設置基準がない中でも、これまで一定数の障害児学校建設は県内でも行われてきた。

神障教組は、過大規模・過密化解消のため、保護者と共同で学校建設を求めるシンポジウムの開催、署名活動、議員要請などにとりくんできた。

その結果、２００６年には県教委が設置した「新たな養護学校再編整備検討協議会」が、障害児学校を適正規模・適正配置とするために11校・1分校の新設が必要と答申し、２００９年には、神障教組と保護者の共同による障害児学校の新設を求める県議会請願が全会一致で採択となった。

そしてその後、４校が建設され、１校と１分教室（分校が分教室に格下げされた）が開校・開設予定である。

残り６校についても計画的に建設が進められるものと思われていたが、現在、残り６校の建設計画について県教委は白紙状態としている。これは、国の新自由主義政策に一層追随するもので、特に「世界で企業が一番活動しやすい国」づくりを強権的に押し進める第２次安倍政権の意向を強く受けた県政（黒岩知事・元テレビキャスター）によって、残り６校の建設計画に待ったがかけられたものと思われる。

黒岩知事は知事就任（２０１１年）後まもなく、正当な根拠のないまやかしの財政危機を煽り、教育・子育て・福祉等の予算を削減・抑制する一方で、大企業の産業基盤整備など、安倍政権の政策の受け皿づくりに重点的に予算を配分してきた。

教育においては、両立し得ない「経費の削減」と「教育の質の確保」を打ち出し、必要数をはるかに上回る県立高校の統廃合、競争・分断をもたらす様々なタイプの高校の設置など、現場の意見を踏まえない施策をすすめている。

「インクルーシブ教育」――合理的配慮の提供のための教育条件整備を！

また、「インクルーシブ教育」の推進を突如打ち出した。これは、本来の理念から離れ、神奈川では障害児学校に通学する子どもを通常学校に「移行」させ、障害児学校建設の抑制を図ろうとするものとなっている。

さらに、障害児学校の教員配置の削減がこの間進められてきた。重複障害認定基準（一人の子どもに複数の障害がある場合、教員が加配される）の見直しによる大幅な教員削減で、「一人の教員が車いすを2台押さなければならない」「欠席者が多いとホッとしている自分に悲しくなる」など教育活動に深刻な影響を及ぼしている。

黒岩県政のすすめる「インクルーシブ教育」は、「インクルーシブ教育実践推進校（知的障害のある生徒を一定数受け入れる高校。現在、3校指定。今後20校程度に拡大予定）」に見られるように、障害のある子とない子が通常学校でともに学ぶことに重点がおかれている。

村田委員長は「これは、十分な教育条件整備がなされないと、障害のある子とない子が単に同じ場で学ぶことになってしまうことにもなりかねない。合理的配慮がないと、障害のある子どもはそこにいるだけの存在となり、その子の発達が保障されない。『経費の削減』の号令の下に打ち出された

『インクルーシブ教育』で、県が十分な教育条件整備を行うかは疑問だ。上記『推進校』には若干の教員加配が行われたが、十分な合理的配慮が提供されるのか注視が必要だ。

神障教組は障害のある子とない子が共に学ぶことを否定するものではない。すべての子どもたちに発達を保障する教育条件整備こそが重要だ。

障害者権利条約では、子どもたちが通常学級、通級指導、障害児学級、障害児学校など一般教育制度から排除されず、子どもたちの発達を最大限保障するための合理的配慮の提供が必須であることが述べられている。合理的配慮とは、障害者から何らかの助けを求める意思の表明があった場合、過度な負担になり過ぎない範囲で、社会的障壁を取り除くために必要な便宜のことで、これを実施しないことは差別となると、障害者権利条約に明記されている。

神奈川県では、障害児学校の過大規模・過密化の他にも、全日制高校進学率が全国最低レベル、小学校3年以上の35人学級が実現していないなど、重大な問題が多々ある。これらの問題の解消こそ、一部の高校での限定的な『インクルーシブ教育』より優先されるべきことだ。

また、障害児学校の児童・生徒数の増加は、過度に競争主義的な通常学校から子どもたちが排除された結果だとの指摘もある。いじめの背景ともなっている競争主義の是正も重要だ」と強調した。

★どの子にも発達の保障を！　障害児学校にも設置基準を！

さらに村田委員長は「障害児教育の歴史の大きな流れは、座敷牢に入れられていた時代から、学習権の獲得、発達保障へと向かっている。戦後も『就学免除』・『就学猶予』の名のもとに学習権が剥奪《はくだつ》されていた時代から、現在は、どんなに障害の重い子どもたちも教育を受ける権利を持ち、その能力の発達を保障していくという思想に到達している。

ゆきとどいた教育を進める神奈川県実行委員会による署名提出集会（2016年12月１日）

宣伝行動はマスコミからの取材も受ける

障害の有無にかかわらず、どの子にも発達・成長する力がある。どんなに障害が重くても、個性があり、かけがえのない存在だ。教職員は日々子どもたちと触れあい、双方向の豊かな関係を結びながら、この思いを強くしている。子どもたちの成長に心震わせる時間を、子どもたち自身や教職員の仲間と共有できる幸せも感じている。

２０１６年７月に神奈川県相模原市で起きた重度障害者殺傷事件の根っこにある障害者差別・優性思想の克服に向けて、障害児教育に携わる教職員の果たす役割は大きい。差別的とも言える障害児学校の過大規模・過密状態の解消に極めて消極的な行政の姿勢も同根と考えられる。

障害児教育の当事者である教職員が保護者と共同でとりくむことで、１９７９年に養護学校が義務化され、その後、盲・聾・養護学校が各地に建設されてきた。多くの苦難を乗り越えて要求を実現させてきた先輩方のとりくみに学びながら、障害児学校の過大・過密解消の運動にとりくんでいきたい」とその決意を語った。

障害児学校に設置基準が策定されていないことが、障害児学校の建設が進まない根本的な要因であることは先述のとおりだ。

運動の広がりに確信をもって

神障教組は設置基準策定を求める運動に加わるために、数年前に全教（全日本教職員組合）に加盟し、全国の仲間・保護者とともに署名活動等にとりくんでいる。開始以来5年目を迎える「障害児学校に『設置基準』の策定を求める請願署名」の運動は着実に広がっている。国会や地方議会で取り上げられることも増え、国に設置基準策定を求める意見書を提出する自治体も生まれている。また、全知ＰＴ連（全国特別支援学校知的障害教育校ＰＴＡ連合会）の昨年（16年）の文科省要請項目の筆頭にもあげられた。残念ながらまだ採択には至ってないが、引き続きこの運動を広げ、必ずや障害児学校にも設置基準の策定されることをめざしている。

今こそ組合の出番

最後に村田委員長は「組合員からは、多忙化、管理強化で、子どもたちのための時間がとれず、心が折れそうになるとの声が聞かれる。しかし、こんな時代だからこそ、労働組合の出番だ。全教女性部のキャッチフレーズ『集まれば元気、語り合えば勇気、仲間が増えれば力』を胸に、障害の有無にかかわらず、子どもも大人も、だれもが自分らしく輝ける学校・社会を築くために、神障教組も全国の仲間と共に力を尽くしていきたい」とその目を輝かせた。

（**坂本誠一**／『月刊全労連』２０１７年8月号掲載）

12

日本医労連・全日赤・広島赤十字・原爆病院労組〈広島県〉

被爆の地だからこその活動が原点に

全国各地に日赤病院があり、日本赤十字社が運営している。日本赤十字社は、1877（明治10）年に創立された博愛社を前身とし、日本政府がジュネーブ条約に加入したことに伴い1887（明治20）年に日本赤十字社と改称した。戦後は1952（昭和27）年に制定された日本赤十字社法による認可法人だ。世界189ヵ国にある赤十字のひとつである。国内では全国44都道府県に92の赤十字病院、54の血液センター、26の社会福祉施設を運営しており、各赤十字病院は独立採算性で運営されている。

戦前からあった広島赤十字病院は、1945年8月6日の米軍による原爆投下によって被災した。爆心地より約1・6kmに位置し、3階建ての病棟は外郭を残して大破したが、直後から病院に押し寄せてきた被爆者への治療が開始され、市街中心部における医療拠点の一つとなった。

爆風によりねじ曲がった窓枠や窓ガラスの破片が突き刺さった壁は、被爆当時の状態を示すものとして、戦後も長く現場に保存されていた。

1956年9月に広島赤十字病院の構内に日本赤十字社広島原爆病院が開設された。1988年4

広島赤十字・原爆病院の全景

全日赤・広島赤十字労組役員のみなさん

月には広島赤十字病院と日本赤十字社広島原爆病院を統合し、広島赤十字・原爆病院に改称。2013年には老朽化した建物が全面改築され、道路を挟んだ向かい側に被爆した壁を移設した「メモリアルパーク」がつくられた。

労働組合は、全日本赤十字労働組合連合会（全日赤）、日本赤十字新労働組合連合会（日赤新労）、日本赤十字労働組合（日赤労組）の3つがある。

全労連に結集する全日赤は、北海道から沖縄まで全国の日赤施設（病院・血液センター・乳児院や保育所などの社会福祉施設）に働く労働者で構成されている労働組合で、1946年に結成され、全国に61の単位組合、約6200人の組合員によって構成されている。日本で唯一の医療産別労働組合である日本医療労働組合連合会（日本医労連）に加盟している。

全日赤広島のたたかいの軌跡と「休日出勤手当支払請求裁判」

全日赤に加盟する広島赤十字・原爆病院労組（以下、全日赤広島）は、戦後すぐの1946年3月に結成された広島赤十字病院労組がその前身である。1960年代には安保闘争をたたかい、日刊紙『アンテナ』を発行。半世紀以上にわたって医療労働者の諸要求実現に向けて旺盛なとりくみを展開してきた。

全日赤広島の長いたたかいの中で、全国的に注目されたものに「休日出勤手当支払請求裁判」のたたかいがある。このたたかいは、2008年5月2日、病院側（日本赤十字社）が突然「平成20年7月31日をもって休日出勤手当の支給に関する労使慣行を破棄する」と通告をしてきたことから起こった。広島赤十字・原

裁判の勝利集会（2010年２月18日）

爆病院で支給されていた休日出勤手当について、病院側が労使協定に基づくものではなく就業規則違反のものであるとして、その年の8月から休日出勤手当の支給を停止した。手当額は約3万円程度あり、暮らしに大きく響いてくるものだ。

組合側が日本赤十字社を相手に２００８年11月25日に広島地裁に提訴して以降、毎回の口頭弁論には地元はもちろん、全国からも多くの支援者が傍聴に駆けつけた。全10回の裁判にのべ３３４人の傍聴者は驚きだ。

２０１０年２月３日の第10回口頭弁論で、病院側が原告の請求を「認諾《にんだく》」したことで全面勝利解決となった。「認諾」は、組合側の主張である「休日出勤手当は労働協約にもとづく手当であり、一方的に廃止することはできない。合意に基づかない労働条件の変更は労働契約違反である」として請求した原告５人の手当について、病院がすべて請求どおり認めて支払うことを表明したものだ。つまり、日本赤十字社が、労使協定に基づく正当な手当であることを認めたのだ。

「認諾」は原告ら5人の手当ての支払いを認めたものだが、これを受けて病院側は「退職者も含めて、対象の職員全員に支払うこと」を職員や関係者に周知した。

この裁判は全国各地の日赤病院でも手当廃止の動きが起っていたこともあって全国から注目された。この広島での全面勝利は各地に大きな励ましを与えたことは言うまでもない。

運動の基調と旺盛な日常活動で要求実現を

広島県庁や市庁舎が集まる市内中心部に、改築からまだ日が浅い広島赤十字・原爆病院の湾曲外壁が特徴的な建物がある。東門前の道路には、被災した当時の建物をパネルにした石碑が建っている。道路の向い側に原爆殉職職員慰霊碑のある「メモリアルパーク」があった。被爆した病院の壁や窓枠が悲しげに建っていた。

病院内に全日赤広島の組合事務所があった。八幡直美書記長と重光恵美書記が迎えてくれた。八幡書記長は「休日出勤手当支払請求裁判」の5人の原告の1人でもある。1978年に看護師として就職。広島県労連議長、広島県医労連の副委員長の肩書もある。小さい体に背負った役職は重い。病院には1200人の職員がいる。組合員は130人。競合する組合はない。

組合の活動の基調は「平和で人間らしく働き生きるために憲法を守ろう」「患者・利用者本位の医療・福祉を追求し、働き続けられる職場を確立しよう」のふたつだ。わかりやすい。すべてのとりくみの原点がここにある。

ちょうど夏期闘争の最終盤にさしかかっていた。昨年（16年）実績の1・95ヵ月を0・025ヵ月削減して1・925ヵ月支給という病院側の回答だ。全日赤広島は全国統一闘争のもとで、春闘、夏期闘争、秋年末闘争の各闘争時に、40分間のストライキを打って要求実現のためにたたかっている。通常は12時から昼休み休憩に入り、12時50分から13時30分までのストライキ集会をする。夏期の闘争では80人の組合員が参加した。

ストライキ集会

多彩な日常活動を支える役員たち

全日赤広島は学習活動も旺盛だ。2017年の勤労者通信大学「労働組合コース」を役員で受講することを決めた。6人がチャレンジ。2016年の

10月から始めた定例の学習会は、役員が参加しやすいように、執行委員会の時間を1時間程度使い、県の学習協から講師を派遣してもらいながら粘り強く進めた。

「仲間と集団で受講したこと、組合費の補助を活用することで責任感も生まれました。わずか半年の期間でしたが、よくがんばって学習しました。この学習で得たことをこれからの組合活動に生かして、要求実現にもつなげていきたいですね」と、八幡書記長は手ごたえを感じたようだ。

全日赤には全国的な青年の交流のとりくみがある。2年ごとに開催される「リブヤング」というもので、次回は2018年9月に島根県松江市・出雲市で開催する。この実行委員会の中心で活躍しているのは副執行委員長で臨床工学技師の重松大志《ひろし》さんである。ともに力を発揮しているのが若手の坪内《つぼうち》哲《さとる》執行委員だ。31歳の検査技師である。大学で医療関係の学部で学び、躊躇なくこの病院に就職した。「いま青年の組合加入が少ないことや、加入後の離脱などもあります。青年向けのさまざまなとりくみで、青年職員の組合加入を呼びかけ、加入後もうまくフォローして組合の団結や良さを知ってもらうようにしたい」と力をこめる。

ユニークなとりくみでは組合員の「誕生日プレゼント」だ。組合員としてそれぞれの持ち場でがんばっている組合員へ、1000円のクオカードとメッセージを届けている。もう10年以上続いている。「組合員としての意識を高めて団結を強めたいという思いからですが、身体的にも精神的にも不安定になりがちな職場で、仲間がいること、組合があることを感じてくれたらいいですね」と八幡書記長の思いだ。

執行委員の鶴田多重子さんは病院内で「労働者の過半数を代表する者」に選出されて活動をしている。全日赤広島が労働者の過半数を組織していないため、2013年から鶴田さんが立候補し信任されてきた。就業規則の改正時の意見書を出すこと、時間外労働、休日労働の取り決めに関する協定

（三六協定）を結ぶことが大きな仕事だ。労働組合の組合員が労働者代表になっていることの意義は大きい。

鶴田さんが組合役員になったのは50代に入ってからだという。「女性ひとりでも生きていくことができるようにという思いで医療職場に入りましたが、この仕事、この職場で良かったと思っています。職場の労働者の代表として、できることを精一杯努めたいですね」と大きな丸い目でまっすぐ見据えた。

全日赤広島は安全衛生委員会のとりくみも力を入れている。時間外労働が月１００時間を超える職員もいる中で、働き方のチェックや対策が必要だという認識だ。メンタルヘルス不全で休職・退職する職員もでている。労働者の命と健康をどう守っていくのか、またハラスメントのない職場をどう作っていくのかは大きな課題だ。労働者委員の立場からの積極的な提言もしている。

メモリアルパークにある被爆した病院の窓枠

看護師の仕事と平和の思い

被爆地・広島にある病院の労組だけに、「平和」のとりくみは特別な重みをもっているようだ。書記次長の三上文子《みかみあやこ》さんは、２０１６年の広島県医労連のナースウェーブで『戦争と看護』のテーマで全医労の仲間とともに講演をしている。現在、訪問看護師として利用者の自宅に訪問している三上さん。「看護学生の頃、通勤や通学で広島赤十字・原爆病院の敷地内にあった被爆建物のモニュメントを見るたびに、原子爆弾の投下で灼熱と熱風で痛めつけられた身体で、焼け野原の中を必死に救助を求めて歩いてこられた人たちのこと、自らも

2017年メーデー

被爆しながら懸命に救護にあたられた看護師のみなさんに思いを馳せていました」と、当時を振り返る。「復興した広島を見て、絶対に二度と戦争をしない、今の平和を次の世代に引き継いで行けるよう行動できる人間になりたいと思いました。そして、原爆病院という名のつくこの職場に就職しようと思いました」とこの道に進んだ思いを語ってくれた。平和への熱い思いが看護師という仕事を支えている。

三上さんは講演の前に、戦前に従軍看護婦として戦地で救護にあたった人を見つけ実際に会って話を聞いた。二度の世界大戦はじめ戦時は看護師も赤紙で戦地に召集された。日本赤十字社で召集された看護師は3万人を超えるという。そのうち死傷者は5000人以上。現在でも日本赤十字社には国民保護業務計画があるという。災害救護をはじめ、有事での召集が現実のものになるのでは…という不安もある。

毎年の8月6日、「メモリアルパーク」では殉職者慰霊式典が執り行われる。先の戦争の殉職者と原爆で被災した病院関係者の慰霊式だ。日本医労連の仲間も多く参列し、全日赤広島は職員が折った千羽鶴を手向ける。「私たちは『二度と白衣を戦場の血で汚《けが》さない』という思いを共有し、平和への思いを一人ひとりのこととして活動をしていくことが大切だと思っています」。三上さんはキッパリと結んでくれた。

取材を終えて、組合事務所を出る前に、「全日赤広島のセールスポイントは？」と聞いてみた。

「組合結成時から、労働組合として一貫してブレずにたたかっている姿。『いい医療と看護をしたい』という思いでたたかってきたことへの誇りかな」と、役員が声を合わせて応えてくれた。

取材の日、棚田妙子委員長、重松大志副委員長には会えなかったが、組合執行部を支える役員の思いは同じだという思いを強くした。

（**西岡健二**／『月刊全労連』２０１７年９月号掲載）

13

全国検数労連・横浜検数労連〈神奈川県〉

港の安全・安心を守り
産別統一闘争の強化で運動・組織の発展

今号の「きらり」は港で働く検数労働者である。いま焦眉な課題は何か、どうたたかっているのか、8月に横浜港の組合事務室に横浜検数労連山田拓《やまだたく》書記長を訪ねた。横浜検数労連は京浜港《けいひんこう》検数員労働組合と日本検数労働組合横浜支部で組織し、山田書記長は前者の委員長でもある。そもそも、検数業務とはどんなものか読者は知っているだろうか。『月刊全労連』でも近年2回、その表紙を飾ってはきたが、まずその実態に迫った。

港湾で貨物の「ターミナル機能」と不正取引を水際で防止する「チェック機能」

港湾での検数業務は、海上輸送と陸上輸送の結節地として貨物の「ターミナル機能」と、輸入食品の安全性の確保や社会悪品などの不正取引を水際で防止する「チェック機能」という2つの公共的役割を担っている。詳しく述べると、船舶、岸壁、倉庫など様々な貨物流通過程において、荷役作業現場に立ち会い、貨物の数量、梱包状態、本船での揚積や積付状況、どのような状態（損傷の有無）で受け渡したかを確認し、公正な立場で証明を行う作業である。これらを担う検数事業者はいわば税関と荷主の間を繋ぐ、税関に申告する前の第三者証明機関である。これらは民間事業者であるが、大きな位置を占めるのは一般社団法人で、港湾運送事業法に基づき「検数事業」として、国土交通大臣に許可を得なければならない（免許制）。

さらに、本船荷役のコンテナ化にともない、その業務は本船荷役での立ち会い以外にも倉庫の入出庫、コンテナヤードのゲート搬入出時のコンテナ管理、本船荷役のフォーマン業務など多岐に渡るという。

検数労働者は、港湾物流においては、元日を除く364日24時間体制で本船書類作成業務（事前準備と貨物確認、手仕舞い）での輸出入貨物の荷捌《にさば》きを行っている。

本船入港スケジュールに合わせて作業を行う関係で、一部交代制はあるものの、通常は一直体制（朝から翌朝）となっており、従業員によっては、長時間労働が常態化している。

波止場会館をバックに山田拓書記長

物流貨物の増大とアジアにおける競争の激化

昨今の港湾情勢の特徴は、主要船社のアライアンス再編（船社の枠を乗り越えて、共同で船の運航等をする行為）や阪神港・京浜港を中心とした港湾の民営化への流れ、税関行政のAEO制度（通関手続きの簡素化）やインランドデポ・コンテナラウンドユース（内陸地での集荷・荷役）などにあるという。

国土交通省発行による「平成28年度海事レポート」によると、「2015年の外航海運は米国の緩やかな景気回復、燃料価格の低下等が見られたが、中国をはじめとする新興国の景気減速と船舶の過剰供給により、運賃の低迷により全体としては厳しい事業環境になった」とし、さらに「世界の主要品目別荷動き量（石油・鉄鉱石・石炭・穀物等）は全体として微増で推移し、各国港湾別のコンテナ取扱ランキングでは、世界の物流拠点となっている中国を始めとするアジア諸国の港湾が上位の大半を占めている」としている。

このような情勢のもとで世界の主要コンテナ航路において、荷主に対し良好なサービスレベルを確保しつつ投資を効率化することを目的として、複数の船社がコンソーシアム（2つ以上の個人、企業、団体から成る団体で、共同で何らかの目的に沿った活動を行い、共通の目標に向かってリソース「経営資源」をプールする目的で結成される）を形成し、共同で定期航路の運航確保に向けた動きを活発化させている。

アジアにおける貨物量の増大を背景に、日本の港湾におけるコンテナ貨物取扱量も近年増加傾向にあるが、それにも増してアジア主要港のコンテナ貨物取扱量が急増し、日本の港湾の地位が相対的に低下してきている。

このような中、いま海運各社は1万2000〜1万8000TEU（20フィートのコンテナが1TEU）クラスの船舶の建造を積極的にすすめている一方で、2015年に2万TEUクラスのコンテナ船の建造を67隻発注し、2020年には投入する予定になっている。とりわけ、商船三井が2017年に世界最大となる2万TEUのコンテナ船6隻をアジア〜欧州航路へ投入する予定となっている。

さらに、2017年7月10日に発足した邦船3社（日本郵船、商船三井、川崎汽船）のコンテナ定期船部門の統合会社は、いよいよ2018年4月に本格稼働する。社名は「オーシャン・ネットワーク・エクスプレス（ONE）」とし、シンガポールに事業本社を置くと発表した。統合後の船隊規模は世界最大級の2万TEU型など超大型コンテナ船31隻を含む約240隻、船腹量は143万7000TEUで世界5位となる模様だ。

これにより、海上運賃の効率化はもちろん港湾運送料金の低廉化へのさらなる圧力となることは容易に考えられ、そして、コンテナ船の大型化は港湾の波動性（需要のピークとオフピークの格差）を強めることとなり、結果として港湾運送事業は、より厳しいコスト競争に直面せざるを得ない状況になっている。

港湾運営の民営化は何をもたらすのか

2011年、国土交通省は港湾法を改正して、港湾運営会社を設立できるようにした。その背景について、国土交通省はこのように言う。

「近年、経済のグローバル化や東アジアの経済発展等を反映して、世界の国際海上コンテナ輸送量は大きく増加し、東アジア諸国の港湾に発着するコンテナ貨物量の急増等により、我が国に寄港する欧米基幹航路の減少や我が国港湾の相対的な地位の低下が懸念されて、我が国の産業活動や国民生活に大きな影響を与えるおそれが生じている。

こうした状況を踏まえ、我が国の港湾を利用する背後の産業が今後も競争力を維持するため、港湾物流がより良いサービスを低コストで提供し続けるために必要な措置を講ずる必要がある。国際戦略港湾及び国際拠点港湾において、コンテナ埠頭《ふとう》等を一体的に運営する株式会社を港湾運営会社として指定し、港湾の経営に民の視点を導入し効率的な港湾運営を実現するための所要の措置を総合的に講ずる」

検数労連は、港湾の民営化に対して「雇用・職域確保」と「港湾秩序の維

港での作業風景

17春闘上京団行動

17春闘上京団行動

持」「港湾の社会的機能の発揮」を柱に取り組むとともに、とりわけ、労働者の生活向上に欠かせない賃金の確保については、ユーザー・荷主等、港湾利用者に対し適正な料金を支払うよう、港運事業者に対し、適正料金収受の取り組みを進めると同時に、認可料金（国の決めた料金）復活に向け、関係者に「政策提言」している。

通関制度の規制緩和では、2017年10月のNACCS（輸出入・港湾情報処理システム）の更改に合わせ、AEO事業者（輸出者、輸入者、通関業者）を対象に輸出入申告官署の自由化などの制度改正が行われる。

検数労連は、こうした荷主の利便性にのみ立脚した港湾・物流政策が港湾を通過する貨物量の増大にいっそう拍車を掛け、貿易の安全・安心をチェックする港湾の社会的機能を喪失させつつあり、この物流政策が検数業務に対してどのような影響があるのか、労使共通認識のもとで雇用と職域、安定した生活を守る取り組みを強化するとしている。

港湾の安全・安心をめざして

大型のコンテナ船からの巨大なクレーンによるコンテナの荷揚げ、荷降ろし、行き交う大型トレーナーなど、港湾での作業はいつも危険と隣り合わせだ。さらに東日本大震災以降、放射能汚染された中古自動車・中古建機が輸出されないように、また港で働く労働者が被曝しないように検数労働者が中心となり、放射線量の測定を行い港湾労働者の安全も守ってきた。

検数労連としても、港湾作業の安全対策と教育の徹底、パトロールによる啓蒙活動などを行い、軽微・重大事故の撲滅をめざしている。さらに、船・トラック輸送において、コンテナの転倒や液体漏れ事故などよる交通事故での国民生活に与える影響を鑑み、輸送安全に欠かせない、適正重量証明と積み付けの安全基準の推進、フレキシブルバック（液体輸送専用袋）の使用禁止を求めて活動を進めている。

産別統一闘争の強化をめざして、全国港湾連合体を結成

港湾労働者は、雇用と就労の安定を求め、1972年に検数労連も参加する「全国港湾（全国港湾労働組合協議会）」という協議体組織を結成した。そして、港運同盟（全日本港湾運輸労働組合同盟）とともに、使用者団体である日本港運協会（日港協）と港湾での働き方の基本ルールを確認したものが港湾産別協定である。港湾産別協定は「交渉・適用」「雇用・職域」「賃金」「労働時間」「休日・休暇」「作業体制」「港湾年金制度（労働者負担なし）」「安全問題」など、港湾で働く最低基準を定めたものであり、例えば、所定時間労働は拘束8時間（休憩1時間以上）、時間外労働は月間45時間以内とする働き方などを定めている。

そして、産別統一闘争の強化をめざして、全国港湾は労組法にもとづく労働協約の締結機能をもった組織体として、2008年10月7日の定期大会で「協議体」を発展的に解消して「連合体」（全国港湾労働組合連合会）を結成した。

その後、たたかいを積み重ね、港湾産別最低賃金を確立した。港湾産別最低賃金は、港湾産別協定が適用される港湾と港湾運送事業者すべてが実施しなければならない最低賃金制度である。毎春闘で、他の制度賃金と同様にその引き上げを求めてたたかってきた。

この産別最賃は、2014年春闘で3度にわたるストライキ態勢を背景に10年ぶりの引き上げ改訂となる2400円アップ（16万円）、15年春闘では4000円アップ（16万4000円）を実現した。しかし、16年春闘では事業者団体が危惧される大きな課題があるとし、交渉の結果、3年連続の最賃引き上げはできなかった。

そして、17年春闘で全国港湾は日港協に対し、産別最賃（16万4000円）に3％上乗せさせた16万8920円を春闘要求として具体的な数字を協定化させていくことを前面に掲げ、たたかいを構築してきた。3月23日の第4回港湾団交では、日港協が「産別最賃の金額を明記する協定は締結できない」としたため、労使主張点は重なり合うことなく3月26日に2年ぶりとなる24時間ストに突入した。続けて、交渉が停滞する中で4月2日にも第2波の24時間ストを2週連続で決行した。3月30日に4月8日（土）～9日（日）の48時間スト、10日以降無期限の夜荷役拒否を実施していくことを決定し、日港協に通告。

48時間スト通告後の4月6日の第5回団交では、依然として労使の主張は平行線のまま推移し、数度の事務折衝、交渉を続けた結果、争点となっていた産別最低賃金については「既存の産別最低賃金制度を認める」「各企業労使間で協議し合意を得た金額を遵守する」としたことで大筋合意に至り、48時間ストは解除し妥結を表明、仮協定締結に至った。しかし、組合がこだわり続けきた産別最賃額（16万8920円）を産別協定書に盛り込むことは出来なかったが、最賃額を個別労使間の交渉で合意したことを明記した通告書を提出した。

★組合運動はボランティア精神と強い思いで

最後に山田書記長は、「現在、賃金と時間労働の関係では、長時間労働依存の賃金体系となっており、生活維持・向上のために残業をやりたがる傾向があるが、問題解消のためには、賃上げ（春闘・一時金）では底上げが絶対条件となり、健康維持・長時間労働（80時間超）解消のため、週休の完全取得と有給休暇取得の促進など、従業員の意識改革も重要となる。

人員育成・増員を並行して行い、賃金減なしの労働条件改善・向上に向けて労使交渉と協議を強化していく。

その他にも、安全作業、労働災害防止については、労使の取り組みとして、現場パトロールをして作業環境状況や行動について確認、改善、事故ゼロを目標に取り組んでいる。

いまは、賃金の引き上げ、長時間労働解消、安全問題の3点が主な取り組みだ。

これまでの取り組みを振り返り、組合運動とは特別なことをしているわけではなく職場の要求をいかに実現できるかを、今後も模索し交渉を重ね改善していくことだと思う。自分の考えとしては、組合役員とは組合員の労働者の思いを託された人材だと思います。今後もその思いを背負い、ボランティア精神を基本に活動および交渉等を通じて、賃金・労働条件改善と問題解決に向けて取り組んでいきます」とその目を輝かせた。

なお、横浜検数労連の事務室は浜風がそよぐ横浜大さん橋のふもとにある「波止場会館」にあり、船内荷役や検定など港湾関係の労働組合が集っている。

（**坂本誠一**／『月刊全労連』２０１７年10月号掲載）

14

熊本県建築労働組合（熊建労）〈熊本県〉

「がまだすばい熊本」職人の技と魂で被災地の復旧・復興を

全国建設労働組合総連合（全建総連）という労働組合がある。大工・左官などの建築、建設業に従事する労働者、職人、一人親方、事業主たちで組織されている労働組合で、現在の組織人員は約70万人を擁している。企業の枠を超えたところで、一人ひとりを説得し、本人の自発性に基づく加盟を原則にしている。会社や事業所ごとにつくられている組合ではなく、個人個人が自分の意志で加入するのが大きな特徴だ。都道府県ごとに組織された組合の連合体であり、連合、全労連などの労働中央団体（ナショナルセンター）には属していない。しかし、都道府県レベルでは全労連のローカルセンターに加盟しているところもある。

熊本県建築労働組合（熊建労）もそのひとつで、熊本県労働組合総連合（熊本県労連）の中心を担っている。5600人という組合員数は熊本県内最大である。「県労連の屋台骨をしっかりと支えてもらっています。熊本地震では、組合員がいち早く被災地に駆けつけ、仕事のノウハウを生かして救援活動、住宅再建に大きな力を発揮しました」と熊本県労連の重松淳平事務局長は話す。

熊建労には本部のもとに、10の支部、91の分会、572の班がある。本部の役員から班の役員まで合わせると１１００人を超える役員が日常の活動と運営を支える。「地域が主体の熊建労が他の労働組合と大きく違うのは、組合費の納付が手集めであること。末端の班で集めて分会に行き、さらに支部を経て本部に結集します。機関紙の配付も手作業です。こうして組合員と顔を合わせてつながっているのが大きい」と話すのは熊建労の釜口《かまぐち》亀盛《きもり》書記次長。

熊建労には、第44回定期大会（２００６年9月4日）で決定した綱領がある。ここには熊建労が結成以来54年間、果たしてきた役割の歴史が記述されている。綱領には、古い建設業界のしきたりや徒弟制度のもとで、多発する労災事故、補償のないケガや病気、賃金不払いの泣き寝入りなどに苦しむ職人を励まし、助けながら、県内で初めての民主的、自主的な労働組合として誕生し、発展してきた歴史と伝統が詰め込まれている。

熊建労第55回定期大会のようす

２０１６年６月の参議院選挙で、全国に先駆けて野党と市民の統一候補を実現したのが熊本県だった。その実現に奔走したのが県労連であり、熊建労だった。統一候補の当選には至らなかったが、一人ひとりの役員、組合員が新しい主権者としての自覚と勇気を発揮し始めたことは間違いない。

独自の趣向を凝らした定期大会

２０１７年9月3日から2日間の日程で、熊建労は八代市内で第55回定期大会を開催した。

今回のメインスローガンは「被災者に寄り添い、建設に働く者の組合として、安心して暮らせる住まいの確保に全力をあげよう」「第５次組織改革をさらに発展させ、新しい時代を切りひらく５８００人の熊建労をつくろう」「協力共同、共闘をさらに広げ、多くの人たちと手をとりあい、日本の平和と憲法、民主主義を守り発展させよう」の三本柱だ。

熊建労の大会には他の労働組合と違った独特のスタイルがある。それは、大会期間中に重要な方針案や各議案を少人数で討議する分散会、分科会を開催していることだ。

初日の午後に全体の方針案の中でもとくに重要課題の「秋の拡大月間」方針を9ヵ所の会場に分かれて大会参加者が討議するのが分散会。2日目の午前中は、財政問題、被災者支援、組織拡大、社会保障・税、など9分野にわかれての分科会討論。午後には分科会討論の内容も丁寧に報告される。それぞれの分散会、分科会は15人～20人なので、ほぼ全員が発言をする。日ごろ思っていることや組合に対する思い、本音もポンポン飛び出す。組織・教育宣伝の分科会では「北朝鮮がミサイルを打ち出す緊迫した情勢、日本は大丈夫なのか、戦争放棄の憲法も見直しがいるのでは」の発言もでた。

どんなささいな意見や質問にも、担当役員は丁寧に説明しこたえていく。民主主義を貫きながら、組合員の声を聞き、みんなで方針を決めて実践していくという、労働組合の本来の在り方がここにあった。

被災者に寄り添い、被災地支援に全力

2016年4月14日夜と4月16日未明に発生した熊本地震。益城町などでは震度7の激震が襲った。このときのマグニチュード7・3は1995年に発生した阪神・淡路大震災と同規模だった。その被害は現在まで、死者は関連死を含めて275人、負傷者2753人、家屋は全壊から一部損壊まで合わせて約20万棟にも及んだ。

釜口さんに熊本市内東部から益城町の被災地を案内してもらった。

被災地で救援活動をする熊建労の組合員

被災地の木造仮設住宅（益城町）

地震によって亡くなられた組合員はいないが、少なくない組合員が家屋の損壊を受けた。仮設住宅に移った組合員もいる。「被災翌日から熊建労には、全国の仲間から激励の電話が寄せられ、救援物資も続々と届きました。4月24日には組合員34人が参加して、被災者のもとに救援物資を届けるボランティア活動を熊建労で開始しました。訪問先の組合員からは、『よく来てくれた』と目を真っ赤にして感謝されています。熊建労では災害復旧ボランティアを募集して支援活動をしてきました」と当時の様子を話す。

熊建労は地震発生から12日後の4月26日から「熊本地震救援ニュース」を発行し、被災地の状況、仲間の消息、救援物資の調達・配送、ボランティア活動などをつぶさに掲載し、組合員に伝えた。ニュースは第46号（8月29日付）まで発行された。

「全国から支援が届く仲間のつながりが心強いです」と被災者の職人が組合に加入することもあった。ボランティア活動では、建設職人だけに住宅の修理、改築、倒壊した家屋のガレキ処理や清掃もテキパキ、作業は早い。被災地の復旧・復興では、全建総連も加盟する全国木造建設事業協会（全木協）で木造仮設住宅563戸を建設。熊建労の組合員も大いに奮闘した。組合員が建築、建設の職人だけにお手のものだ。

「ここに熊建労本部の事務所がありました」と釜口さん。熊建労本部があった熊本県労働会館も被害にあって取り壊しが決まり、熊建労本部事務所も今は仮住まいだ。益城町の木山《きやま》神社は大きな石の鳥居が倒壊し、社殿も屋根を残し

震災で仮事務所に移転した熊建労本部

て無残にも壊滅したままだ。益城町役場も被災し建物を残して役場はプレハブの仮設庁舎に移った。町内に建てられた仮設住宅はプレハブ仕様と木造仕様がある。しかし、高台に建てられた仮設住宅もあり、被災者には不便を強いている現状もある。

多くの被災者が、さまざまな状況の中で、県民が安心して暮らせる住まいの確保が緊急の課題だ。しかし、多くの被災者が新築や修理するのに資金がないなど、深刻な状況に追い込まれている。公的な補助が急務だ。

国の補助は現在の「被災者生活再建支援法」では、全壊300万円、半壊57万円、一部損壊には補助はない。こうした貧弱な状況を打開しようと、熊建労は2016年11月に開催した第54回定期大会のあと、すべての被災者に公的な支援の引き上げを求めた「住宅再建県民請願署名」のとりくみを展開した。県と市町村への請願の項目は「①被災者生活再建支援制度の増額を国に働きかけてください、②一部損壊・半壊以上の住宅再建の支援策を創設してください」のふたつ。

県民から寄せられた2万筆を超える署名をもとに、2017年6月の県議会に請願を行ったが、自民党の反対で否決された。しかし同時に行われた各市町村議会への請願では現在まで14の自治体で採択されている。仮設住宅の入居期限が2年間という状況もあり、熊建労は引き続き、15万筆をめざす「住宅再建県民請願署名」など粘り強く取り組んでいくことを決めている。

熊建労の仮事務所に寄った。事務所の壁には千葉土建から贈られた「がまだすばい熊本」（がんばろう熊本）の大きな檄布が張られていた。

通信員が支える機関紙活動

熊建労にはその名もズバリ『熊建労』という機関紙がある。月刊発行（毎月8日付）だ。2つのシリーズ企画がおもしろい。「肥後ちゃぼ」と「組合員でよかった」だ。

「肥後ちゃぼ」とは江戸時代にベトナムから入ってきた熊本名物の鶏のことだが、組合員夫婦が毎回そろって登場する。若い夫婦から熟年夫婦、高齢者夫婦まで、そこには、それぞれの歩んできた人生の物語が凝縮されている。

「組合員でよかった」はまさに熊建労の真骨頂。組合員が毎回登場して、その組合員であってよかった体験を語るコーナーだ。「熊本地震で被災。車中泊から仮設住宅、支援物資など仲間の支援があったからこそ生きられた」「もしもの労災事故も相談から手続きまで安心」「横のつながりが一番」「仲間と知り合えたことが財産」などなど。ここにはまさに労働組合の原点がある。

組合員拡大目標の達成へ意気上がる城北支部

また、こうした紙面の記事を、組合員による多くの通信員が原稿を書いて作っていることは他の労組機関紙にはない特徴だ。

大会議案書には教育宣伝活動の項に、機関紙の目的と役割が明確に記されている。①方針を具体化し組合員に伝えること、②要求で仲間を組織すること、③仲間を紙面に登場させることで仲間の連帯と励ましを共有すること、④機関紙を通じて組合の内容、制度を知らせていくこと、⑤地域で働く建設の仲間の歴史を記録していくこと、の5点はわかりやすく具体的で明快だ。

出陣式でダルマに片目を入れる木村正委員長

★この秋、5800人組織へ、いざ出陣

熊建労の最大の課題は組合員拡大だ。

熊建労は「賃金引上げ」「建設職人にも健康保険を」の要求で、１９６３年7月に22人の仲間が立ち上がって結成された。１９７０年には全県に広がり１２００人組合員、１９９６年には５０００人を突破。結成から54年間、前進と後退を繰り返しながら、つねに組織を拡大し、財政を確立し、要求実現に全力をあげてきた。１９８１年から今日まで、5次にわたる「組織改革」をとりくみ、２００７年には最大６２００人の組合員を擁した。

２００９年の民主党政権時の前原国土交通大臣の「建設業者50万社は多すぎる」発言に現れているように、国は建設産業の整理縮小を推し進めてきた。また業界の社会保険加入率が低いことを取り上げてその引き上げを進めている。今年に入って、さらに社会保険加入指導が強化され、国土交通省は2次下請以下でも社会保険未加入業者は公共工事の現場から排除することを公表し、圧力をかけている。社会保険未加入問題は、体力のない中小零細の建設業者には死活問題となった。

熊建労は社会保険未加入問題で厳しい状況におかれた仲間を守ることと、組織拡大を一体のものとしてとりくみ、この1年間では６５０人を超える仲間を増やし、一時期落ち込んだ組合員数を５６００人まで回復させてきた。

前述の第55回定期大会の初日の議事が終了した後、夕刻からは看板を「組織拡大のV字回復を確かなものに／２０１７秋の拡大月間出陣式」にかけ直して、決起集会を兼ねた懇親会を開催した。福岡県建設労働組合の下川《しもかわ》一雄委員長も駆け付け「7月の福岡水害の復旧、被災者支援では熊建労からも大きな支援をもらった。ともに飛躍的な組織拡大に奮闘しよう」とエールを送った。

舞台では大会開催地の八代の秀岳館高校和太鼓部の若人たちが勇壮な「雅《みやび》太鼓」をすさまじい熱気とパワーで演奏し、組合員拡大の出陣にふさわしいオープニングとなった。

熊建労のこの秋の組織拡大月間は11月1日から25日までの短期間だ。拡大目標は222人。秋で助走をつけ来春には一気に6000人をめざす。

「熊本地震は熊建労にとって大きな試練だった。試練を乗り越え、組合の民主主義と仲間の団結がいっそう強まった。1万人を展望する6000人の組織を実現しよう」と、力強く木村正委員長は大きなダルマに片目を入れた。

（**西岡健二**／『月刊全労連』2017年11月号掲載）

15

岩手自治労連・盛岡市動物公園労組〈岩手県〉

市民の財産、動物公園を守れ 官民連携事業導入で危惧される社会教育

岩手県の盛岡市に市経営の動物公園がある。約100種、700匹の動物が展示されている。動物公園の面積は37・2ヘクタールで、東京ドームの実に約7個分の広さを有し、35人の職員が働いている。

市民に愛され続けて2017年で29年を迎えるが、盛岡市は財政難を理由にこの動物公園に「PPP方式」（官民連携事業）を導入しようとしている。盛岡市動物公園公社職員労組は「動物公園は市民の財産」「PPP方式では社会教育の目的を果たせない」と、市に責任ある対応を求めている。市民からも公社として市が責任を持ち運営してきたものが、営利優先の株式会社運営になるのでは、と懸念の声が出されている。

訪れたのは2017年10月下旬、公園入り口で、はにかみ屋のアルパカ親子の歓迎があった。

財政難を理由に「新会社」に懸念される事業縮小と雇用不安

盛岡市は2016年11月、財政難や改修経費を理由にこのままの運営は不可能として「PPP方

野遊び教室
園内の豊かな自然を使って様々な遊びを教えます。昔ながらの笹舟や花の冠、今の季節（秋）大人気の落ち葉に色を塗って写しとる葉っぱプリントなど、季節に合わせたメニューを用意しています

アフリカゾウ「マオ」のおけいこ
毎日行っているゾウの健康維持や飼育係との信頼関係を築くために重要なトレーニングの様子を、お客さんにも見てもらう催し物。飼育係の合図に合わせて動く〝お利口〟な姿にお客さんも「おー！」と歓声をあげる

式」での運営方針を打ち出し２０２０年度から新会社での運営開始を予定しているという。市の説明は「ＰＰＰ方式に移行したい。移行できなければ規模縮小か廃園のどちらしかない」というものである。

市側が民間事業者に提示した資料では、施設の更新・修繕費等は市負担としているが、人件費・運営経費等は民（事業者）負担で、その原資は入園料や事業収入としている。さらに「雇用も労働条件も新会社が決める」としており、指定管理元としての責任を放棄しているところに大きな問題がある。また、新会社の経営状況によっては職員の労働条件の切り下げ、「非正規化」、そして入園料の引き上げにつながる可能性がある。

市はこれまで、他団体では「存続ができなくなる可能性が極めて高い」として、動物公園は指定管理者に公社を指定し、市の社会教育施設として人件費を含めて責任をもってきたが、今回の「ＰＰＰ方式」は方針の大転換である。

盛岡市動物公園労組は２０１６年の12月16日の定期大会で、①社会教育施設として市が責任を持つこと、②職員の雇用を守る、などの「要請書」を大会で確認し、26日に市に提出した。

ユニークなイベントで入場者が増大

盛岡市動物公園は、全国でもユニークな動物公園として1989年に開園した。

確かに、開園当時（1989年26万人）と比べれば、その後入場者が減少したが、この2012年から15年までは入場者が15万人から18万人と逆に増えている。これは職員の創意と工夫によるものだ。「動物とのふれあい体験」や自然観察等の催し物を充実させ、ツイッターなどSNSでイベントや動物紹介を全国的に発信してきたからだ。

特に、土日、祝祭日では豊富な催し物を企画してきた。その1つが、ウサギやモルモットの小動物からキリンやアフリカゾウといった大型動物まで、数多くの動物たちとのふれあいやえさやり。また、園内の豊富な自然を利用した自然観察会では、オタマジャクシやサンショウウオなどの両生類や季節ごとの昆虫、植物などを詳しく解説。昔懐かしい笹舟や花冠などの作り方を教える野遊びもある。さらに、園内では無料で虫網を貸し出し、捕まえた虫の名前を飼育係が教えるコーナーや虫捕り大会も開催している。工作会の内容も充実していて、園内の植物を利用したり、動物にちなんだ工作が数多くある。これらは家族で一日中楽しめる内容となっている。

平日は団体から園児まで、年齢に合わせたプログラムを用意している。園児には楽しいゲームや小動物とのふれあい、動物のスライド。小学生にはさらに園内の林や草原、沢に生息する生き物を捕まえ観察する自然体験。中学生や高校生には飼育係の仕事の内容を説明し、その体験。大人や家族連れには大好きな動物についての解説やふれあい、お年寄りには小動物とのふれあいなどである。これらは、すべて飼育係が事前に利用団体と入念な打ち合わせを行い、参加者の希望に添えるように対応している。動物飼育は、命を預かる重要な仕事なので長い経験が必要だが、実はそればかりではなく、

盛岡市に要請（2016年12月26日）

盛岡市動物公園労組第25回定期大会（2016年12月16日）

これらの企画を準備し、対応までを飼育係が行っているのである。

財界の強い要求で生まれた「規制緩和」「公務の市場開放」

盛岡市における指定管理者制度の導入は、動物公園にとどまらない。２０１８年の14施設をはじめとして、２０３２年までに２２７の施設が計画されている。

主な施設は、地区活動センター、児童館、コミュニティーセンター、老人福祉センター、劇場、文化会館、文化ホール、公民館、プール、テニスコート、野球場、体育館、憩の家、サイクリングターミナル、つどいの森、勤労青少年ホーム、勤労福祉会館、振興センター、森林公園、駐車場、飲料水供給施設、こども科学館、市営住宅などであり、いずれも市民生活と密着した施設である。

盛岡市職労は、現市長が就任以降強まった「行財政構造改革」という名の下の一連のアウトソーシング攻撃に対し、連年の定期大会で民営化や民間委託等に対するたたかいの方針を確立し、運動を進めてきた。

指定管理者制度の法制化以降は、盛岡市職労のたたかいの主軸に、「保育所民営化」「清掃業務民間委託」「学校給食の民間委託」反対などを掲げてたたかってきた。動物公園の「ＰＰＰ方式」導入でも、岩手自治労連本部、盛岡市職労、盛岡市動物公園労組の３者でたたかいを構築している。

住民の福祉の増進を図り、雇用の安定を

「公の施設」の「設置目的」は、「住民の福祉の増進をはかる」ということが目的。この「目的」に沿った住民の権利保障は「生存権」「学習権」「情報公開」「平等利用」「個人情報保護」などがあげられる。指定管理者には、毎年度終了後に「事業報告書」の提出が義務づけられているが、議会への報告義務はない。このように議会の関与が形骸化したり、「兼業禁止」規定の不適用によって、不公正や癒着の温床にならないような対策が必要である。

また、基本的な「設置責任」は自治体にあり、提供されるサービスは公的な性格をもつものである。サービスの担い手である職員が民間人であったとしても、その処遇の基本は「公務員準拠」とすべきが相当である。「効率的な執行」という名目で、「指定管理料」が削減され、職員の賃金・労働条件の引き下げが懸念もされる。

さらに、指定期間が設定されれば、「再指定」のたびに業者が替わる可能性があり、指定から排除されれば、いままでこの業務に従事していた労働者の解雇問題も起こる。

公共部門の業務委託や民間委託がすすむ背景には、低賃金で不安定な労働者の存在があり、単に「安上がり」を狙った委託化は、結局住民サービスの低下をもたらし、不安定雇用労働者を増大させ、自治体が「ワーキングプア」をつくることにもなる。

動物公園は盛岡市民、岩手県民の財産

ゾウの飼育を担当している竹花秀樹委員長は、「職場では雇用に対する不安の声が多くでています。

2016年12月に岩手自治労連本部と盛岡市職労の連名で、盛岡市長と動物公園公社理事長である都

市整備部長に要請書を提出しましたが、いまだに職員に対して具体的な説明は何一つ行われていません。2017年9月の庁議の資料では、『動物公園への再就職を希望する職員は再生会社への再就職を斡旋し、動物公園への再就職を希望しない職員には市の外郭団体への再就職を斡旋する。また公社とともに再就職に向けたスキルアップを支援する』と記載されており、そんな大切なことがなに一つ、職員に説明が行われていないのが現状」と語った。

さらに、「動物園には種の保存という重要な使命があります。それは野生で絶滅しそうな動物を動物園で繁殖させ維持し、野生種が絶滅した場合にその場所に戻し生態系を維持することです。また、子どもたちに小さい頃から動物たちと触れ合う機会をつくり、生き物を大切にする心を育むことです。動物公園ではこれまでキリンで5度の繁殖に成功し、アフリカゾウは岐阜大学との連携で日本最先端の繁殖生理学に取り組んで来ました。動物の飼育は本当に経験が重要な仕事で、動物たちの命にダイレクトに繋がります。そのような技術に関しては、一切考慮されずに岩手の動物園の未来が決められようとしています。

盛岡市動物公園労組は、これまで動物公園が果たしてきたことをより多くの人に理解していただき、盛岡市民ばかりではなく岩手県民の財産でもあるこの素晴らしい動物公園を守っていこうと考えていますのでご支援をお願いします。ぜひ動物公園に足を運んでください。アルパカの親子が皆さんの来園を歓迎してくれます」とPRもしてくれた。

「わたし☆まちフォーラム in いわて2017」
（10月７日）

「わたし☆まちフォーラムinいわて２０１７」で市民に訴え

10月７日、「わたし☆まちフォーラムinいわて２０１７」（第３回岩手地域課題研究交流集会）が盛岡市で開催された。毎年開催されており、主催はＮＰＯ法人岩手地域総合研究所で岩手県や県教育委員会、市や町と教育委員会、マスコミ各社が後援している。このフォーラムの中で、盛岡市職労中野《なかの》盛夫《もりお》委員長が「公共サービスの民間委託は誰のため？」との報告を行った。内容は、指定管理者制度の概要と導入された背景、導入以降に全国で起こっている問題点等について、とりわけ、全国で起こっている問題の特徴として、「指定管理者の撤退、経営破たん、指定取り消し」「委託費の減額、人員削減、非正規労働者の増大」、さらに「安定的な人材確保、継続性、安定性が困難になること」などを挙げた。そして、「指定管理者制度導入は、自民党政権の構造改革路線による自治体の施設の管理運営を民間に開放する主要な手段として位置づけられ、自治労連は当初から問題点を明らかにし、直営施設を守る立場で民間企業の参入を押さえ、できるだけ従来の管理委託者に引き継がせる取り組みを進め、指定管理者の中への労働組合の結成とそこに働く労働者の賃金・労働条件を守る立場で運動を進めてきた」と強調した。

これまでの技術、知識、ネットワークが引き継がれるのかが大きな問題

盛岡市動物公園労組の荒井《あらい》雄大《ゆうだい》書記長は、「動物園の仕事は専門職でこの職に就きたいために職員が全国から集まっています。ＰＰＰ化によりベテラン職員が転職を余儀なくされることは盛岡市にと

ってマイナスです。個々の雇用不安とともに、動物公園自体の運営にとっても、これまでの技術、知識、ネットワークが引き継がれるのかどうかは大きな問題です。動物公園が盛岡市にあることによって、地域の教育的分野にも寄与しています。また、盛岡市だけでなく、ゾウの飼育など日本全国で取り組まれている稀少種の調査・研究にも寄与していますし、県内の野生鳥獣調査や保全にも寄与している取り組みが失われていくことを正しく理解してほしいと思います。市当局は運営形態をどうするか、赤字をどうするか、の議論ばかりで、29年間運営してきた動物公園をどうするのか、動物にかかわる職員をどうするのか、の議論が抜け落ちています。家族や子どもたちに愛されてきた動物公園は大切な市民の財産です。みんなで知恵を出し合いながら、いま頑張っています。これからも安心して働ける職場にしていくために、市側と引き続き協議を続けていきたい」とその目を輝かせた。

（**坂本誠一**／『月刊全労連』２０１８年１月号掲載）

荒井雄大労組書記長（左）と中野盛夫盛岡市職労委員長
（2017年10月19日）アルパカ親子の前で

16

福祉保育労　東海地方本部

「福祉は権利」を掲げて17年春闘で初ストライキ

若い代議員で埋まった第31回定期大会

全国福祉保育労働組合（福祉保育労）の綱領に「私たちは、子ども・老人・障害者のいのちと暮らしを支え、働く国民の人間らしく生きる『権利としての社会福祉』のために、力をひとつにたたかいます」とある。この立場を基本に据えて日々のとりくみをすすめているのが、福祉保育労東海地方本部（東海地本）である。東海地本は愛知、岐阜、三重の3県をエリアにしている。

２０１５年6月に発行された東海地本25周年記念誌『仲間がいるってうれしいね』を開いてみた。１９８６年に全国福祉保育労働組合が生まれ、少し遅れて東海地本は１９９０年3月11日に結成された。その結成宣言には「人間らしく働き、人間らしい生活を築いていくために、働くもののつぶやきを要求に変え、仲間の心をひとつにして働きやすい職場をつくろう。この想いを多くの仲間に伝え、手をつないでいこう。そして、この東海の地に１０００人の福祉保育労東海地方本部を築くために、さあ、今から働く者の歴史の歯車を大きく回していこうではありませんか」と高らかに力強くうたわ

東海地本の第31回定期大会のようす
（2017年９月10日）

定期大会であいさつする薄美穂子委員長
（2017年９月10日）

れている。

　１９９８年には青年部を結成した。長年の悲願だった東海地本１０００人組合員のとりくみは、２０１７年の6月に達成した。次の目標は今後の2年間で１２００人組合員をめざすことだ。

　昨年（17年）9月10日に愛知労働会館東館で開催された東海地本の第31回定期大会を取材して驚いた。それは役員や代議員を合わせて約２００人も参加しているなかで、その多くが若い男女であることだ。

　冒頭にあいさつに立った薄《うす》美《み》穂《ほ》子《こ》委員長は「この1年でもっとも印象的なとりくみが春闘時のストライキでした。なぜいまストライキなのでしょう。みんなで何度も何度も話し合いました。理事会、利用者、保護者にも理解してもらうために心を砕きました。ほんとうに大変だったけど、ストライキを行うことができ、自分たちの大切にしたい実践や組合活動を振り返ることができました」と、この1年の最大のとりくみを振り返った。

　大会を取材して感心したのが東海地本の「大会議案書」だ。これまでいろんな労働組合の定期大会を取材してきたが、東海地本の「大会議案書」ほど、丁寧でわかりやすいものを見たことがない。他の労働組合でも議案書に写真や資料、解説などを取り込んでビジュアルに見栄えよく作られたものはあるが、東海地本のそれは、一言でいえばまるで参考書のような編集をしている。写真や図表、資料はもとより、組合用語や時事用語の解説も丁寧に入っている。重要な部分にはさらに細かい補足が付いている。

大会では25人の代議員が、つぎつぎと自分の言葉で発言した。それも短い制限時間のなかでキビキビと若者らしい発言のオンパレードで、ほんとうに清々しい。

「職員の入れ替わりが激しい職場で長い人でも4年目。労働条件などでこれはおかしいと感じて7月に5人で分会を立ち上げました」という保育園の仲間。

「年に一度は団体交渉をしている。子育て世代の悩みが出されて、子連れで団体交渉をやった」「9人定員のデイサービス。毎月定例で分会会議をひらき、分会長が作った食事とお酒で楽しく話し合っています」などのとりくみ、活動の実践の声が相次いだ。

東海地本の2017年旗びらき
（2017年1月6日）

大会宣言の文案もユニークだ。「わたしたちのしごとってどんなしごと?」の問いかけから始まり、全文が話し言葉で綴られている。「ひとりじゃ見えないものも仲間といっしょだと見えてくるたくさんのこと。ひとりだけでがんばらなくてもいい。ひとりじゃない…だから身近な人ともっと話そう。もっとつながろう」と呼びかけている。

さらに他の労組では見かけない「平和特別決議」を採択したのも東海地本の特徴だ。それは「平和なくして福祉なし」「平和こそ最大の福祉」という彼ら福祉保育労働者の合言葉が基本にあるからだろう。この大会の様子は、取材に来ていた中日新聞に、3日後に掲載された。

2017年春闘で初めての産別統一ストライキ

2017年春闘で、福祉保育労中央本部は傘下の組織に「福祉労働者の大幅な処遇改善と増員」

分会でのストライキ準備作業

「戦争法廃止・立憲主義回復」を掲げて、3月16日に「3・16ストライキを含む全国いっせい行動」を提起した。そして「いっせい行動」に向けて、内閣府、厚生労働省、防衛相に申し入れと要請書を提出した。同時に、各政党に対しても、要求実現に向けて国会審議での尽力を要請した。

3月16日当日には、首相官邸前でのアピール行動、院内集会、省庁交渉、記者会見、有楽町での夕刻宣伝を精力的にこなし、このようすはテレビ局がニュースで放映した。

この「3・16ストライキを含む全国いっせい行動」には全国で7地方組織58分会96職場６５８人がストライキに入ったのをはじめ、全国の４６００人を超える組合員が立ち上がり、力をひとつに結集した画期的なとりくみになった。全体で決めた日に全国各地で組合員がいっせいに行動するという経験は福祉保育労30年の歴史の中でも初めてといっていいもので、組合員が福祉保育労という産別を意識することができた点でも大きな成果があった。

行動の提起の背景には、２０１５年9月の安保関連法（戦争法）の成立があった。自衛隊の海外での武力行使を可能にし、日本が戦争に巻き込まれる事態が現実のものとなる状況だった。福祉保育労が掲げた「福祉労働者の大幅な処遇改善と増員」「戦争法廃止・立憲主義回復」の2つの要求は、経営者だけでは改善できないこともあり、政府に対して要求実現を迫るものだった。このため、この「ストライキを含む全国いっせい行動」の実践と具体化には、その意思形成と合意に向けて多くの時間と議論が費やされた。

職場でのストライキ行動（2017年３月16日）

「ストライキ」で職場に大議論とドラマが

中央本部の提起を受けて、東海地本では、さらに「3・16ストライキを含む全国いっせい行動」のスローガンについて議論を深めて「福祉職場の配置基準の抜本的な改善と増員・賃金の改善」「安保法制廃止・憲法『改正』反対・南スーダンの派遣自衛隊員全員の帰還」の２本を掲げた。

ストライキに向けての東海地本のとりくみは早く、２０１６年春闘期から始まり、約１年間をかけて討議を進めてきた。その道のりには多くの困難があったが、ストライキに向けての各分会・職場でのとりくみではさまざまなドラマがあった。

ある職場では、保護者から「自分たちにも出来ることがあれば」「保育の処遇をよくすることが子どもへのいい保育になるよね」の声や激励のメッセージが寄せられた。

また、別の職場では保護者に手書きのニュースを配布し、要求と思いを綴ってストライキへの理解を求めた。保護者に「ご理解とご協力のおねがい」文書を手渡した職場では「今回のストライキは国に向けて保育士の要求を訴えるものです。子どもの安全を第一に考えて保育に支障のないように必ず行います」と、保護者の不安を取り除く配慮をしながら訴えた。

また、ストライキに入った組合員に保護者からカンパが寄せられたり「現場の厳しさを知りました。いっしょに改善していきたい」の連帯する声も届き、組合員を歓喜させた。

「今回のストライキのとりくみで、『福祉労働者の大幅な処遇改善と増員、戦争法廃止・立憲主義回復』というふたつの要求を掲げたことで、私たち福祉保育労が何を大切にし、何を実現させるために

栄広場での集会（2017年３月16日）

産別組織をつくっているのかが議論できたことは大きな成果です」と藤原佳子《よしこ》書記長は話す。

また、「ストライキという労働組合として最大の権利を行使しただけでなく、多くの共感や支援を得ることができ、労働者と利用者双方の権利を統一的に実現していく労働組合であることを実感しました。職場での時間をかけた討議の中で、日ごろの分会活動を見直すきっかけになったことも価値あるものでした」と振り返るのは西田知也《ともや》書記次長だ。

東海地本の「３・16ストライキを含む全国いっせい行動」では、30分の時限ストライキ、終日の「栄《さかえ》行動」、中央行動を合わせて、ストに参加した組合員は22分会（32職場）１１７人。「いっせい行動」全体では３０７人に及んだ。名古屋市内の中心部にある栄広場で夕刻から開催された集会には多くの分会から組合員が駆けつけ、つぎつぎとマイクを握ってこの日の職場での行動を報告した。東海地本の行動は地元テレビや地元紙が取り上げ、話題になった。

「３・16ストライキを含む全国いっせい行動」でのストライキは東海地本だけではない。

福祉保育労群馬支部の分会では、ストライキ経験者はいないうえに保育所の卒園式直前というなかで「そんなこと絶対無理」という組合員の状況から、討議を重ねて89％の高率でストライキ権を確立。保護者からも「先生たち、たいへんだもんね。がんばってね」と励まされてストライキを実施した。組合員も「どうせやるなら楽しく」と、朝夕の門前宣伝では要求のゼッケンをつけ、保護者にはチラシを配布し、地元新聞社の取材も受けた。

「ストライキで劇的に職場が変わるとは思いませんが、職員が心を一つにして働き方の改善をめざし、保護者や地域にアピールすることや、理事者側に組合の本気度を示すことができました」と分会の組合員が語っている。

社会保障改悪をはね返すたたかいを東海から

2012年8月に強行された社会保障と税の一体改革「社会保障制度改革推進法」は消費税を社会保障財源として10％まで引き上げる一方で、「持続可能な社会保障制度の確立」を口実に公的年金、医療保険、介護保険などの制度をつぎつぎと改悪していく内容である。これは、国の社会保障費を削減しながら、福祉で金儲けができるように市場化し、「地域公益活動」という名で、セーフティネットの役割を社会福祉法人に丸投げしていくものだ。

そうして、安倍内閣の下で2013年の「社会保障改革プログラム法」を皮切りに、一気にスケジュールを進行させてきた。

こうした動きに、東海地本では愛知で経営者や利用者、公務・民間の労働組合で共同のたたかいを組織して学習会や宣伝・署名行動をとりくんできた。

福祉保育労では「福祉は権利」を実現する人員配置基準や処遇改善をもとめて、毎年の秋に署名の大運動を展開している。この「大幅な福祉職員の大幅増員・賃金の引き上げをもとめる請願署名」に、昨年（17年）の秋も、東海地本では組合員1人100筆を目標に、署名の趣旨をしっかり学習しながら理解をし、対話を重視してとりくんできた。

「福祉職場では人手不足が原因で長時間・過密労働が深刻で労働者の健康も脅かされる状況です。福祉労働者が働き続けられ、国民がのぞむ安心できる福祉を実現させるために大きな世論をつくっていきたいです。経営者、利用者・家族も思いはいっしょです」と藤原書記長は力を込めた。さらに、「2018年はこの到達点をさらに積み重ねていきたいですね。2018年春闘では統一要求書だけではなく、各分会の独自要求書もこの時期に合わせて出し合い、自分たち自らの職場闘争から出発した行動になるようにしていきたいです」と、2018年春闘への決意を語った。

同時にいま、保育労働者の処遇改善をめざして、愛知の公立、民間、労使、研究者が共同して「あいち保育労働者実態調査プロジェクト」が始動している。保育労働者の賃金は時給でどの程度が必要か、働き続けるためにはどんな配置基準が必要かなど、2018年春闘で国や自治体に迫っていくためのとりくみだ。保育労働者を皮切りに、福祉関係の労働者の処遇改善も視野に入れている。

2018年春闘での福祉保育労東海地本のとりくみから目が離せない。

（**西岡健二**／『月刊全労連』2018年2月号掲載）

17

国公労連・国土交通労働組合　九州建設支部筑後川分会〈福岡県〉

国民のいのちを守る　災害復旧の最前線

河川の管理は国と自治体の重要な仕事である。地域の人々が安全で快適な生活ができるよう、堤防や排水機場、ダムなどの治水施設の整備を行うとともに、土石流等の土砂災害や台風による高潮被害から人命・財産を守るため、砂防事業や海岸事業など災害予防の実施に努めている。また、生活用水がいつでも安心して使えるように水資源開発などを行い、地域の人々の暮らしを守っている。国の河川行政は旧建設省の管轄だったが、２００１年1月に、北海道開発庁、国土庁、運輸省、建設省が統合し、国土交通省へ移行した。九州ではそれに伴い、国土交通省九州地方整備局が担当し、主要な河川には河川事務所がある。

甚大な被害をもたらした九州北部豪雨とは

２０１７年（平成29年）7月5日から6日にかけて、福岡県と大分県を中心とする九州北部で大規模な集中豪雨が発生した。朝倉市の山間部では局地的な集中豪雨に見舞われ、１時間に１２９ミリ、24時間で約１０００ミリという気象観測史上でも最大級の集中豪雨となった。7月6日の午前8時30

筑後川支流での土砂崩れ（国土交通省九州地方整備局のホームページから）

久留米市内を流れる筑後川の本流

分までに福岡・大分両県を中心にした合計約51万７９００人に避難指示や避難勧告が発表され、また、両県の合計29地区の集落が一時孤立状態となった。九州北部集中豪雨である。この災害によって、福岡県では建物２５０２棟が被害を受け、うち２７４棟が全壊。大分県では１９９１棟が被害を受け、死者・行方不明者は42人（死者39人、関連死１人、行方不明者２人）という甚大な被害を出した。災害から半年が経った現在（２０１８年１月）もなお福岡県の４４９世帯１１０８人、大分県の71世帯１８６人が仮設住宅での生活を続けている。交通インフラはＪＲ日田《ひた》彦山《ひこさん》線、久大《きゅうだい》本線の一部が今も不通だ。

この集中豪雨で、筑後川の上流の多くの支流の河川が氾濫した。福岡県朝倉市の桂《かつら》川、添田《そえだ》町の彦山《ひこさん》川、大分県日田市の大肥《おおひ》川、花月《かげつ》川などの５本の河川である。こうした河川から被災地に流れ込んだ流木の総量はおよそ20万トン、36万立方メートルにのぼると推定されている。土砂崩れでなぎ倒された杉などの木が川を流れ下り、川の流れをせき止めて氾濫させたのである。住宅地に押し寄せた流木によって、水流だけの場合よりも破壊力が増し、家屋の損壊に大きな被害をもたらした。

筑後川は筑紫次郎の異名のある暴れ川

筑後川は、阿蘇山を水源として、高峻な山岳地帯である九重連山《くじゅうれんざん》から流れ下る玖珠《くす》川を合わせ典型的な山間盆地を流下し、その後、夜明《よあけ》峡谷を過ぎ、佐田川、小石原《こいしわら》川、巨瀬《こせ》川、及び宝満《ほうまん》川等、多くの支川を合わせながら、肥沃な筑紫《つくし》平野を貫流し九州地方北部を東から西に、熊本・大分・福岡・佐賀の4県を流れ有明海に注ぐ川である。河川法に基づき政令によって1965年（昭和40年）に一級河川に指定されている。流路延長143キロメートル、流域面積約2860平方キロメートル、流域内人口は約109万人の河川で、規模としては九州地方最大の河川である。有史以来、利根川（坂東《ばんどう》太郎）、吉野川（四国三郎）とともに日本三大暴れ川のひとつと言われ、筑紫次郎《つくしじろう》の別名で呼ばれてきた。

日本の河川には一級河川と二級河川がある。一級河川は、国民の暮らしを守り、産業を発展させるうえで特に重要なかかわりをもっている水系（一級水系）の河川のうち、国が管理している河川をいう。二級河川は、一級水系以外の比較的流域面積が小さい水系（二級水系）の河川のうち、都道府県が管理している河川だ。筑後川は一級河川である。

筑後川の本流に関わる水害の復旧作業については国が管轄しているが、その支流に関しては県の管轄になる。今回の水害は支流である。2017年6月に「水防法等の一部を改正する法律」の施行によって都道府県の管理する河川について国が工事を代行できる制度が創設された。今回、その制度が初めて適用され、復旧作業は福岡県の管轄ではあるが、支流が多岐にわたり広範囲なため、福岡県は国に復旧業務の権限を移譲した。

復旧作業は応急的なものもあれば、土砂・立木を止める新たな砂防施設を建設する必要から時間がかかるものもある。国土交通省九州地方整備局は、九州北部豪雨からの復旧・復興に向けた事業が本格化していく中、事業を迅速に、強力に推進していくため、昨年（17年）の10月1日、筑後川河川事務所に『九州北部豪雨災害対策推進室』を設置した。職員は9人。事業総額は5年間で550億円に上る。

筑後川河川事務所

中島委員長（右）と玖村書記長

筑後川河川事務所と筑後川分会の活動

筑後川河川事務所は福岡県久留米市にある。まさに筑後川本流が事務所の前を悠々と流れている。筑後川河川事務所のロビーには九州北部豪雨災害の様子を写真や図表などで示すコーナーが設置されていた。その片隅に、『筑後川新聞』があった。カラーのタブロイド判8ページ。発行は特定非営利活動法人・筑後川流域連携倶楽部だ。隔月刊だが、ＶＯＬ・１０９（２０１７年秋号）では、九州北部豪雨の筑後川上・中・下流での被害の状況をつぶさに掲載し、ＶＯＬ・１１０（２０１７年冬号）では、九州北部災害の復興支援をメインテーマに「第31回筑後川フェスティバル」が開催され、多彩な催しものに1万３０００人の来場者があったと報じている。おもしろいのは見開き紙面で「スケッチ１４３」というタイトルで、筑後川の流域各地での話題や情報を満載していることだ。

筑後川河川事務所には、国公労連加盟の国土交通労働組合九州建設支部・筑後川分会がある。国土交通労働組合とは、２０１１年9月11日、全運輸労働組合、国土交通省全建設労働組合、全気象労働組合、全運輸省港湾建設労働組合、海員学校職員組合、海技大学校職員組合の6つの労組が大同団結した労働組合だ。国土交通省及び国土交通省関連法人に勤務する職員、並びに組合が承認した人なら誰でも加入できる。

その規約には、「①私たちは、職場の厳しい現状を打破して、家族を含めた

九州北部豪雨の被災のようす

生活改善と労働者の地位向上のために奮闘します。②私たちは、あらゆる格差を是正するとともに貧困を解消し、国民のくらし・生活を改善する国土交通行政の実現をめざします。③私たちは、自らの団結を強め、仲間を増やし、連帯の輪を広げて、国土交通行政に関係するすべての労働者の明るい未来を築きます。④私たちは、民主主義の発展をめざし、憲法と平和を守ります」を掲げている。

ロビーでひととおり展示物に目を通していると、筑後川分会の中島清文《なかしまきよふみ》委員長と玖村徳則《くむらやすのり》書記長が迎えてくれた。開口一番「7月5日から6日の水害直後に、朝倉市に入りましたが情報が全くない状態で、たいへんでした。筑後川では今回の災害が大きく取り上げられていますが、実は筑後川では5年前にも水害がありました。その時の災害の復旧に5年かかり、ようやく一段落したところに今回の災害が起こりました」と、地図を広げながら、災害の状況を中島委員長は説明してくれた。

河川事務所の仕事は、河川の改修事業、河川の管理、施設の整備、ダムの運用、水質汚濁対策など多岐にわたっている。中島委員長は水質資源開発・計画の部署、玖村書記長は河川環境の部署で仕事をしている。

「今回の豪雨災害の最大の特徴は、筑後川支流の山林の崩壊による流木と土砂流の洪水にあるといえます。山崩れにより多くの被害が出ました。長雨と山崩れは今後も各地で起こりうることです。山林と河川を一体的にとらえた広域・複合的な流域防災システムをつくることが何よりも大事ですね」と中島委員長は指摘してくれた。

政府は、行政改革の下に大合理化を進めようとしているもとで、さらに、国の責任を地方自治体におしつける地方分権改革が推し進められようとしている。これに対して、国土交通労働組合は、国民本位の公共事業推進のため、公共事業政策や公共事業のありかたを提言し運動を進めている。また、憲法で決められている国の責任を放棄し、社会資本整備が自治体の財政状況によって格差を発生させる可能性があることから「地方切り捨て阻止」の運動を進めている。

生公連と建設産業に関わる政策提言の活動

とくに建設産業に関わっては、旧全建労（国土交通省全建設労働組合）時代から、国家公務員の建設関係の労働者は生公連（生活関連公共事業推進連絡会議）の活動に関わってきた。生公連は建設産業で働くすべての労働者の労働条件改善と、民主的な建設産業をめざして、民間労働組合や建設関連団体と一緒になって活動している組織である。中央段階では、国土交通労組、建交労、都市労、建設関連労連などが構成団体になっており、各地方ブロックや都道府県単位でもつくられている。福岡県生公連はすでに30年の活動の実績があり、現在の議長は中島委員長がつとめている。

また、建設産業に関わる政策提言の活動では、建設政策研究所・九州支所設立準備会の存在がある。準備会では「災害対策や復旧・復興のありかた」について提言をしている。「自然災害に対する体制の強化を」「被害実態に合った罹災証明の発行を」「生活者視点の避難所の設置を」など、国民と被災者の立場、目線に立ったさまざまな提言である。この準備会のメンバーには中島委員長も名を連ねている。

「近年、多く発生している自然災害は国民の生命、財産に大きな被害をもたらしています。今回の被災では山林の整備など国土形成のあり方が大きな課題となっています。防災、減災などに対する体制の強化だけではなく、農業や林業、地域建設産業の再生など、地域経済社会全体のありかたも問われています。今後も持続的な地域社会

筑後三分会の定期大会のようす

の構築に向けて調査研究をすすめていきたいですね」と中島委員長はこれからの活動の展望を語ってくれた。

☆災害復旧の最前線の職場で国公労連の旗は高くはためく

いつ起こるかわからない河川の災害。「普段から心がけているのは、災害が起こった時にいつでもすぐに駆け付けられるように、できるだけ職場の近くに居を構えていることです」と玖村書記長は強調した。実際、玖村書記長の自宅は事務所からわずか5分のところだという。中島委員長も思いは同じとあって、事務所から30分圏内に住んでいる。

「同時に復旧作業に関わる職員の勤務・労働条件も課題です。550億円の予算のなかで、どのような体制と仕事で災害対策を進めるのか、大きな関心ごとです。過重労働にならないように職場環境を確保していく必要があります」と2人は労働組合としての視点も付け加えてくれた。

筑後川分会の組合員は現在18人。うれしいことに、昨年の10月に設置された『九州北部豪雨災害対策推進室』に伴う人事異動で、国土交通労働組合の組合員である20代の若者が筑後川河川事務所に赴任してきた。若者が水害復旧の一端を支える。

分会の組合活動では、筑後地域の松原分会、久留米分会とともに筑後三分会で合同の定期大会を開催し、共通の課題の実践にとりくんでいる。災害復旧の最前線の職場で、今日も国公労連・国土交通労組の旗は高くはためいている。

（**西岡健二**／『月刊全労連』2018年3月号掲載）

18

生協労連コープネットグループ労働組合新潟県支部〈新潟県〉

元気な活動は労組室の模様替えから入りやすく話しやすい。会議もここで

元気な活動をしている労組の支部を訪ねた。生協労連の最大手「コープネットグループ労働組合」の新潟県支部だ。新潟市郊外の信濃川堤防沿いの流通拠点地域の一角にヤマト運輸や西濃運輸とともに「コープにいがた」本部がある。

敷地に細長くのびるプラットホーム。100台もの宅配トラックが生協組合員の各家庭へ配達物を積み込む。建物中央部の入り口から2階へ上がるとそこに新潟県支部の労組室がある。

早出・サービス残業の撲滅へ

新潟県支部で最も力を入れているのはサービス残業の撲滅だ。馬場勉・前支部書記長は「過去、労基署が入っているのに改善が見られず、是正報告の内容が履行されていなかった。午前8時45分始業なのに1時間以上早く職場に来ている職員もいた」とのこと。すでにトラックに積み込んである配達物の配置を「自分流に変えたい」とか、「のんびり仕事をしたいので配布する各域で独自配布するチラシを事前にセットする」という職員の側の問題もあった。先輩職員がそう指導している場合もあり

改善が進まなかった。そこで経営側と協議して、8時30分までは事務所に入れないようにしたり、作業開始時間を厳格にしたりする業務マニュアルを作り、運用を開始した。

県支部ニュース「ちゅーりっぷ通信」では「Ｓｔｏｐ！　早出・サービス残業」の見出しで「サービス残業は、仕事の問題を隠し、職場のモラルを下げ、職場団結を妨げる行為です。勇気をもって一人一人が「やらない」「させない」「見逃さない」を徹底しましょう！」と労組からも訴え、周知も徹底した。若い従業員が「早く帰りたい。休みがとりづらい」と言って職場を辞めていくので、職員の定着にもなるはず。

この間、大幅な改善がされてきているものの、「これぐらいは…」とかいって、サービス残業をしてしまう人もまだいる。管理者も含めて、意識改革はまだまだ道半ばと言える。

馬場勉さん（前県支部書記長）

子会社のユニオンショップ導入へ

生協の仕事は「物流」として大量入荷する物資を仕分けしてセットする仕事、「宅配」として商品をトラックに積み込む仕事やその商品を生協組合員の各家庭へ配達する仕事、生協への加入や共済加入の促進をする仕事、「本部」として生協組合員からの注文の集約、広報宣伝・会計・人事等の仕事など多岐にわたっている。

新潟県支部には業務形態から「宅配」で新潟市の3ヵ所、上越《じょうえつ》、中越《ちゅうえつ》、子会社トラストシップの6つの分会、「物流（子会社協栄流通）」で1分会、「本部」で2分会の計9分会がある。労組員は約460名。

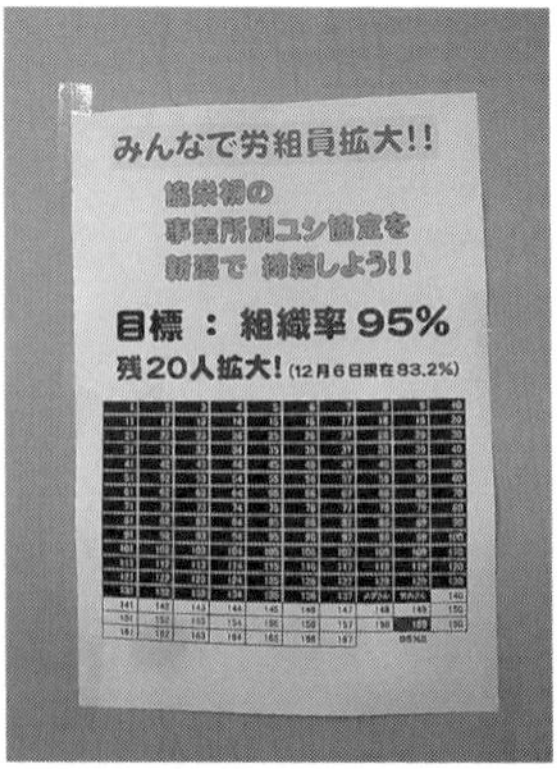

労組員獲得到達度用紙

労組員の拡大は重要な課題だ。経営側「コープにいがた」とは正職員だけでなくパート・アルバイトを含めてユニオンショップ制導入は合意済み。生協の業務拡大で従業員が増えれば労組員も増加となる。経営側の従業員採用時の説明会のうち30分を労組の説明会に充《あ》ててもらう。しかし子会社とはパート・アルバイトについてはユニオンショップ制の合意をしていない。きちっと一人一人の組合加入を進めていく必要がある。

そこで支部組合室にはA4の労組員獲得到達度用紙が張り出された。子会社・協栄流通について「初の事業所別のユニオンショップ制協定実現を／新潟から」と書かれてある。子会社で働く167名の氏名を把握し、1から167まで枡目で表示。労組員は黒に、未労組員は白としている。すでに83%が加入。目標の95%に達すれば、要求前進に近づく。労組室にこんな紙が貼ってあるとプレッシャーがあるが、そこは頑張るしかない。

前書記長「前向きに新しいことを」

労組員と役員のへだたりがあってはいけないということで2016年9月に着任した馬場・前支部書記長の提起で、まず支部労組室の模様替えをした。これまでは壁に括りつけの長い机で専従役員・書記が仕事していた。労組員が来てもみんな後ろ向きで話しづらいし、座るスペースもない。長い机をなくして、机を中央に集めた。

狭い支部労組室に紙の資料がたまっていたが、電子データ化しスペースを確保。「どうしてもこれはとっておかないと」という意見もあったがきっぱりと捨てた。

さらに支部労組室にはテレビ会議用の大型液晶があった。「コープネットグループ労働組合」本部のある埼玉をはじめ、千葉、群馬など各県支部や分室計7ヵ所を結んで会議を開く。いわゆる地域別の支部とともに、業務形態ごとに地域を越えて横断的な結集として「宅配支部」「物流支部」「本部支部」「店舗支部」などがあり、業務形態別の会議にもテレビ会議が威力を発揮する。

普段は各支部労組室の様子が分割画面に写っているので「監視されている感じがする」と異論も当初あったが、一人勤務の分室との会話もできて導入は大正解。会議のたびに旅費を使って埼玉へ行ったので、財政的にも大幅な節約になった。

労組室（左にテレビ会議用液晶画面／右が酢山書記）

馬場前支部書記長は16年8月まで「コープネットグループ労働組合」本部の四役（委員長、副委員長、書記長、事務局長）のうち事務局長*を務めており、組織全体へのテレビ会議導入や組合費の引き下げ、組合財政改善策として元本保証の国債購入も進めた。「労働組合はどうも保守的なところがある。新しいことやるとすぐ反対が出る。しかし前向きに新しいこともしていかないと」と積極姿勢の重要性を語る。

（＊書記長は政策・運動や外部の対応を行い、事務局長は財務・総務など内部の仕事を受け持つ。）

広報宣伝の中心は県支部ニュース「ちゅーりっぷ通信」だ。A3カラー刷り、月1回発行を基本に各分会に張り出してもらう。丁寧に「張り出し期間○月○日～○月○日」と書いてある。また「ただ今、協議中」欄があり、労組と経営による事務局会議や県執行委員会の協議、確認を知らせている。

職場、労組の記事とともに「共謀罪法案、反対」など政治課題や全国的集会ものせる。盛岡市で開かれた日本母親大会全国集会で「新潟県から83人が参加

憲法学習会（右端が田中執行委員）

し、全国の運動の中で『市民の声で野党共闘が実現し米山知事誕生』を報告しました」。メーデー参加者が増えたことも伝えている。春闘期などは団交内容の号外含めて増刊される。

馬場前書記長は紙面に「まだ字が多い」という。編集作業は「事前に紙面割をしておいて記事を入れ込む」ので、難しいことではないとのこと。なお、労組のホームページに新潟県支部のページも開設しているが登録者は伸び悩んでいる。

憲法学習では徴兵制の話も

今焦点となっている憲法問題の学習会が夜、開かれた。会場は支部労組室。小さな会議ならここで開いてもらう。物流分会の労組員7人が参加した。最初に田中祐子県支部執行委員（常任中央執行委員）がA4一枚のペーパーに基づいて「憲法とは国の横暴を許さず国民の側から国家権力を制限するもの」との基本的説明。その後、天皇の元首化、国防軍の創設を内容とする自民党・憲法改正草案（2012年）と、憲法9条に新たに3項として自衛隊を明記するという憲法改正案の2つ案を述べて、「感覚的にどう思う?」と質問。

「不安だよ。自衛隊を憲法に書き込んでしまったら、そのうち戦争になるかも」。一方、北朝鮮のミサイル発射問題の指摘があり、「尖閣列島の問題があり、中国が攻めてくるから、何もしないでいいのか」という意見も出た。

途中、田中さんから「憲法に自衛隊を書き込むと、新しい条項が優先されるから、それでいいのか」という指摘も。「自衛隊を明記したら、最初の犠牲者は自衛隊の若い人だ。自衛隊員になる人が減るから徴兵制が入ることとなるさ」との声がでた。

仕分けの仕事が長引いた若手の男性参加者3人が支部労組室にきて学習会は開始。用意された夕食弁当を食べながらとなったせいなのか、発言は少ない。女性参加者4人が発言する。感想など「一言」を書き入れる厚紙に参加者の一人が「平和が一番！　戦争絶対反対‼」と書いて、みんなで写真を撮り、30分弱の学習会は終わった。

勤務2年半で中央執行委員に

労働組合は新たな役員のなり手が現れてフレッシュな雰囲気で活動が継続されるのがいい。

組合に加入してわずか2年半の間に中央執行委員になった人もいる。和田英子さんは、「宅配」の配達業務だ。中途採用で就職できて「ありがたかった」。早速、中央センター分会の会議に出席したが、なんか話が暗い。「みんなが心のこもった挨拶ができるような職場にしたい」ということで、県支部執行委員を引き受け、さらに中央執行委員となった。初めて団体交渉に出て春闘に参加したことを実感。県支部ニュースを新潟らしい名前に決めるとき「ちゅーりっぷに」と提案した。

和田さんに役員をすすめたのが、書記の酢山光枝さん。長年、「コープにいがた」で働き、県支部執行委員（常任中央執行委員）をつとめたが定年となり書記となった。和田さんは学習会への参加など頼むとすぐ引き受けてくれる。断らない。「誰に対しても丁寧な対応をし、まじめで前向き。こんな人もいるんだあ」と感心したという。

和田さんは宅配トラックを運転し、生協組合員に商品を届けることが主な仕事だが、加入拡大等の業務もこなす。毎週1回組合員さんに会えることが楽しみだという。労働組合の方は土曜日の開催設

宅配トラックの前で和田英子さん
(中央執行委員)

新しい安全靴。「宅配」の積み込み
作業の改善要求がみのる

定の会議に参加している。

支部が分会活動のフォローに力

「コープネットグループ労働組合」は、各分会が分会長・会計担当の選出、会議の開催、報告書の作成などをきちっと行うように県支部が援助する「分会フォロー」の取り組みを強化している。会議開催の食事代は本部財政から援助金がでる。

物流分会では「入荷・検収」グループで労組の連絡員中心に自主開催の分会会議を初めて20人で開いた。また新潟西センター分会では、宅配配達物をトラックに積み込む仕事のグループ8人がファミレス「ガスト」のモーニング会議を毎月開いている。この中で安全靴の改善要求が出て、踵が高い靴へ変更された。このグループの中心が七里《しちり》明夫さんだ。県支部執行委員長であり、新潟県労連へ幹事として送り出している。

新書記長「働き続けられる職場に」

支部労組室の模様替えなど「改革派」の馬場前支部書記長の後任が、佐藤崇《たかし》支部書記長。勤続30年、県内の宅配センターの現場・宅配事業部を経験して直近5年間は本部の広報ネットワーク室で生協組合員への広報や、暮らしを豊かにするという生協の理念を具体

佐藤崇さん（現県支部書記長）

化した生協組合員の活動サポートや平和活動などの企画に携わってきた。

1年間県支部執行委員をつとめ、17年11月に専従支部書記長に着任した。専従書記長を引き受けるについては違う立場で現場に戻れるという気持ちもあった。「労組も現場100回ですよ」と語る。「うれしいことに20年前に私が採用したパートの人が今も働いている。制度改善して長く働きつづけることができる職場にしていくことを目指したい」と抱負。

労組室も変わったが、「市民生協にいがた」の1990年頃ねじり鉢巻きで朝4時、5時まで徹夜で団体交渉していた頃と労組の有り様も変わった。春闘要求書と資料づくりに今は注力しているが、現場に顔を出すことを基本にしていきたい。

「現場派」の新書記長のもと新潟県支部は新たな前進を続けることとなる。

（**上野邦雄**／『月刊全労連』2018年4月号掲載）

座談会

草の根から「きらりと光る労働運動」～全労連、地域からの新たなたたかい

（出席者）
稲葉美奈子《いなばみなこ》（33）・愛媛労連・愛媛一般労組書記長
出口憲次《でぐちけんじ》（42）・北海道労連・事務局長
原田仁希《はらだにき》（28）・首都圏青年ユニオン・委員長
平野竜也《ひらのたつや》（41）・岐阜県労連・事務局長
森田《もりた》しのぶ・日本医労連・委員長
（進行・助言）寺間誠治《てらませいじ》・労働者教育協会・常任理事

寺間　今日は集まっていただいてありがとうございます。この座談会は、『月刊全労連』に2013年から掲載してきたルポ「きらり労働組合」に全国の草の根からの取り組みが満載されているので出版物にまとめたいと考えたことから始まっています。

そこで、改めて最新の取り組みについて語っていただき、これまでのルポを補強したいと思うわけです。地域や単産でどんな運動があり、何を目指しているのか、それを皆さんから自由に発言してもらいたいと思います。

では、まず自己紹介から始めましょう。私は、全労連の役員を退任後、労働者教育協会の常任理事をしています。

稲葉　個人加盟の愛媛労連・愛媛一般労働組合で書記長をしている稲葉美奈子といいます。普段は法律事務所で働いています。私の今の使命は愛媛の法律事務所で働く人の労働組合をつくることです。組織化目指してがんばってます。

出口　北海道労連事務局長の出口憲次と申します。42歳、二児の父です。

平野　岐阜県労連の事務局長で平野竜也と申します。同じく1歳と3歳の二児の父です。

原田　首都圏青年ユニオンの委員長の原田仁希と申します。28歳です。

寺間　それでは最初に稲葉さん。愛媛での運動について、口火を切ってもらえますか。

地域から最低賃金を引き上げる
――エキタスは1500円要求

稲葉　私、愛媛大学の夜間主コースに通いながらダブルワークをしていた時期があって、昼間は道後《どうご》温泉のおそうじと切符切り、大学のあと郵便局のゆうメイトという深夜勤専門のアルバイトをしていました。そのときには最低賃金とか全く知らなかったんですけど、ある日突然ゆうメイトの時給が10円上がった日があって、「わあ、なんで上がったんだろう、私の仕事が評価されたんかな」って嬉しかったんですけど、後から最低賃金が上がったから時給が上がったっていうのがわかったんです。そういった働くことが割りと大変だった時代があったので、初めて労働組合に出会ったときに、「なんて素晴らしい団体なんだろう」と思って二つ返事で組合に入りました。

一番最初に私に回ってきた使命というのがこの最低賃金引き上げの取り組みで、最初は青年部が用意した原稿があるから最低賃金審議会で青年部として意見陳述をしてくれと頼まれたのがきっかけだったんですけど、それを一年目、初めてやったときに審議会の委員が「初めて当事者の人が来た」という雰囲気で、親身に話を聞いてくれ、私がしゃべることでなんか審議会の決定が変わったりするかもしれないなあと思いました。

原田　僕は「エキタス」っていう団体で最低賃金1500円を求め2015年から運動をやってきました。ナショナルセンターの要求などで1500円がかなり浸透し一定の成果があったと思っています。

平野　岐阜は最賃776円で、昨年10月から800円になったんですけど、地域と都市の違いでいつもネックになるのが支払い能力ですね。経営側が主張する支払い能力が東京にはあって岐阜はないというのはおかしいんじゃないかって意見書を書いた。東京って渋谷とか新宿だけじゃなくって、小笠原《おがさわら》諸島も奥多摩《おくたま》も東京なんだよと。そこが958円が実現できて、どうして岐阜県はそれ以下なんだというのを書いたんです。

寺間　エキタスの先駆的なところは1500円要求と中小企業への助成と2つの柱を最初から掲げてきたことですね。集会でも看板には必ずそれが書いてあって世論の支持を得る。最賃での国の中小企業への支援策もすごく使いにくいんですよね。

原田　中小企業の団体に懇談に行ったんです。エキタスは二本柱でやっていて最低賃金1500円と中小企業に税金まわせと言ってるんですって話をしたら、結構ばっさりと「違和感ありますね」って言われた。中小企業の人たちは税金を回してほしいという感覚はほとんどなくて、大企業と中小企業で公正な取引ができていない状況をただして公正な取引をしていくってことが一番。やっぱり経営者だから自分たちで作り上げていってという自助の感覚をもっているから、税金でやられるというのは、スローガンとしては違和感を感じたんですね。助成が全然いらないって話じゃなくて、スローガンとして違和感があるって話だったんですけど、結構難しいなと思って。

稲葉　愛媛労連青年部で毎年、審議会への意見陳述をしています。松山市内の求人誌を全部集めてきて、時給調査をやったんです。600件近くの時給を業種、賃金を全部並べて…。コンビニエンスストアの賃金だけが最低賃金にすごく近いっていう。居酒屋とかは最低賃金プラス100円ぐらいっていうのが調査してみたらわかって、それを意見陳述したらすごい良い資料だって言われました。

一週間同じ場所で同じ時間、最低賃金のことをずっとアピールして署名行動をしたら、どういうインパクトになるかなあと思ってやってみました。最初は周りの人もなんだろうって感じなんですけど、後になるほど署名をしてくれたり、みんな顔を上げたり反応が全然変わってきたのを感じました。街頭に立つことは大事だなって思います。

今は、愛媛一般に、オーナーが7店舗経営していて労働者が100人くらいいるコンビニの労働者から相談がありました。オーナーは複数店舗もっているから毎日午前と午後で働く店舗が変わるんです。給与明細がなく、タイムカードは店舗ごとで、移動の間の交通費も賃金も未払いだっていうことで、その組織化も手伝ったりしてます。総がかり的にコンビニ労働者に未払い賃金や有給休暇取得のキャンペーンに取り組んで最低賃金引き上げの運動につなげたいと思っています。

寺間　セブンイレブンが国会での追及を受けていっせいに３６協定と改正就業規則を労働基準監督署に出しています。本部から「給料計算ソフトが変わったと言われました」、と。それで労働時間の管理は1分単位の出勤簿にして、残業時間は15分単位としていたのをやめるというのです。15分間の切り捨ては違法とされたためソフトを作りかえたんですね。

稲葉美奈子さん

あまりにも安いコンビニの時給

寺間　でも、コンビニの時給は低いですね。地域の中で一番安いですか。

出口　安いですね。

稲葉　コンビニと清掃が安いです。

平野　県をまたぐと、すごく時給が上がりますよ。岐阜県はとなりの愛知が高いので川をはさんで、愛知県側は８５０円くらいになっています。岐阜県は７８０円って感じですごく差があります。

出口　地方は最賃額ではりつき…。

原田　東京はやはり最賃が「高い」んで、ほかの業種も最賃額で働く労働者が多いんですが、コンビニの低さは目立っています。コンビニは、もちろん最賃にへばりついていますけど、コンビニだけっていうわけではないです。時給は１０００円ぐらいが多いですかね…。

平野　すごい……。

出口　全労連は、要求で多数派になろうとずっと言い続けてきた。最近は、あまりそういう言い方されないですけど、組織が小さくてもできるんだ、それも社会的な運動で職場の中、産業の中、地域の中で広げていくっていう、まさにエキタスがやってきたようなことを体現していたことだと思うんですよね。スローガンに生きさせるとか、誰にでも共通する。そして緊急性が高い。だから最賃も１０００円だったんじゃないですか、いつ決めたんですかね？　その時の議論に私はまったくかかわってないし１０００円と決めたときだって、北海道だと最賃

出口憲次さん

が600円ちょっとですから2倍近いわけですよ。だから今1500円で、そんな2倍近い要求は無理という議論、超ナンセンスで、それ自分たちがやってきたことを真っ向から否定することになっちゃうんで、それは違うんじゃないの?と思います。

寺間　既存の運動からすれば1000円要求でずっときた。エキタスの青年たちが言い始めて2回3回と集会・デモをする中で大きく広がって、一年足らずの間に要求が1500円になる。それが社会的にたたかって要求を引き上げることだと実感しました。

「これを知らずに働けますか？」学習会で芽生える権利意識

寺間　東京学習会議で元朝日新聞記者の竹信三恵子さんを迎えて「実践・労働法」の学習をしたんだけど、彼女は和光大学の学生の話をもとに30問の『これを知らずに働けますか?』っていう本をちくまプリマー新書から出しています。その中で学生から出たトンデモ質問っていうのをもとに解説している。アルバイトの学生ってけっこう長期間働いている。で、辞めたいと言っても代わりを探さない限りは辞めさせてくれない。やっと退職届を出しても「一身上の都合で」っていうありきたりのものを出す。そうするとせっかく1年以上も働いていたのに3ヵ月の待機期間が発生して、失業給付が先延ばしになる。給料計算が15分単位になっていて長時間労働で残業代が不払いなどの違反があるんだったら、「労基法違反がある」「パワハラがひどい」とか、退職理由を明確に書いたら「特定受給者」として待機期間は一週間で失業給付が出る。そういう直接の実利実益があることを学生たちは知らない。

　コンビニで働いてる店長に最低賃金は今いくらですかと聞くと、「善意」で知らなかった人も実はいます。わかっていて違反の経営者もいるし、知らないで使っている人もいて、指摘されると当然、最賃額までアップする。これは必死になって拳をあげてたたかわなくても実現できることですよね。

平野　僕も青年部で労働法の学習会を月一回やっていて、初めて来た子が、「有給休暇ってどこでもあるんですね」ってその時に初めて知って、次の学習会に来た時、「初めて取ってみました」っていうふうにね、言ってくる。すごい嬉しい。こういうのがどんどん積み重なっていくと、やっぱり労働組合つくらないかんとか、そういうふうな権利意識っていうのが少しずつ、芽生えてくれると嬉しいなと思っています。

無期転換への申込権、組織の強化と「変革」について

寺間　4月1日（2018年）から有期契約の人たちの無期転換への申し込み権が発生した。北海道労連は法律が改正されたんだから申込みをしたらいいんだよと、いち早く運動化してきた。道労連は社会的にたたかって集団的な申し込みによって世論をつくっている。個別企業内の職場で起こる問題を地域で社会的にたたかうことによって実現していくたたかい方ですよね。

出口　要求で多数派になるということは社会的な影響力を高めることになる。無期雇用転換の問題は、個別企業で具体的には生じるんですけど、それを職場内だけではなく大きなかまえでたたかわないと。産業の中で、地域の中で影響力を拡大していく視点で産別が捉えて運動しないと実現しない。

組織拡大の話になるとよく「みんながんばってるべや、がんばってるんだけど増えねェ」ってね。がんばる方向とがんばる中身が曖昧《あいまい》じゃなくて改めて定義したんですよ、今回。自分たちの取り組みがかみ合っているんであれば5つの指標に合うはずだと。

1つ目は要求が前進したかどうか。2つ目に職場での組合員の団結は強まったのか。3つ目に新しい運動、活動に参加してくる人とか新しい役員や活動家は増えたのか。4つ目には労働組合としての信頼が高まったのか。そして5つ目が組織は拡大されたのかと。この指標で自分たちがやってきたことを評価し、もしどこかがかみ合ってないとするとサイクルが止まっちゃってることになる。それは見直しましょうよと。

組織の拡大ではなく道労連的には「組織変革」なんですよね。企業別組合の寄り合いっていう状況を超えて産業横断的な地域包括的な決定権、影響力を持つことを展望しないと、衰退していくだけ、その結果、組織は減り続け増えないっていう、明らかに社会の状況に対応できてないっていうのが現状だと思う。だから、拡大強化っ

原田仁希さん

ていう方針と合わせて組織形態や役員、幹部の考え方とか、活動スタイル全体を変革することを柱にして取り組んでいるところです。

平野　岐阜県労連では今、次世代をどうやって育成していくのかが喫緊の課題になっている。岐阜県労連も高齢化が進んで、若い人の組合離れが事実上進行していく。これまで活動してきた人たちの中にも「今は活動していない」という人も出始めています。一体何がそうさせているのか、仕事の忙しさというのもあるのですが、その組合で問題を解決しようとなっていないところが一つ大きな問題だと思っています。

あと膨大な未組織の人たちにどう訴えていくのかっていうところも、今の組合の力が弱くなってきているので、社会的なアピールということと、仲間を増やしていくことを同時にやらなくてはいけない。

で、その中でやっぱり今青年層に目を向けて、青年がやってみたいと思えるような取り組みをやっていこうと力を入れていいます。最賃の運動も平和の取り組みも、現実は7、8人の役員が一生懸命やれる範囲でやっているだけ。これがほんとに全県的な力になるのか。青年部だけでなく親組織も岐阜県労連の幹事会が全県に力を持つような議論がちゃんとできているかっていうとなかなかそうはなってない、この弱点をどう克服していくか考える必要があると思っています。

美容師など…
業種別・職種別ユニオンへの模索

原田　組織の変革ということでは、青年ユニオンでは職種別・業種別の組織化に力を入れてます。かつて青年ユニオンでは美容師のユニオンがあったのでもう一度つくりたい。

業種別でみて産業構造が変わってきている。美容師なんかでいうと、聞き取りすると単価が7、8年前は約4000円だったんですけど、いまは安い美容院がいっぱいできて2000円とか単価がそもそも減額してるんです。給料も半減し構図が変わってきた。価格競争が起きたのはネット予約の『ホットペッパービューティー』の影響なんですよね。価格が一覧に並ぶので、客は安いとこを選んでいく。単価をある程度上げなきゃいけないってことも視野にいれながら、運動に取り組まないといけない。

雇用形態も、美容師の世界には業務委託って前からあるんですけど、これもかなり進んでいて、労働契約じゃなくて業務委託でノルマ式にしている。残業の概念がない、でも店の開け閉めとかをやる。労働者性が高いにもかかわらず個人事業主に仕立て上げ、労働者じゃない形で使い潰したり搾取する。若い人たちは離職率が1年目で50パーセント2年目で80パーセントになるんですよ。職種の構造を分析していきたいと思っています。

寺間　出口さんが言った組織変革の課題は、わが国の労働組合が30年以上、大きな改革を成し遂げずにきた宿題だと思います。だから、組織変革と活動スタイル全体の改革という道労連の提起は決定的に大事だと思うんです。さらに青年ユニオンが職種別・業種別ユニオンの展望まで来ていることは先駆的といえますね。きちんと政策化、理論化しなくても、はじめは例えば稲葉さんのように一週間街頭に立ち続ける。宣伝もエキタスのようにデザイン的にも優れたフライヤーにする。これらも新しい活動のスタイルです。いろいろ模索しながら前進しているのが現状だと実感しますね。

労働相談と社会的影響力の拡充について

寺間　社会的影響力でいうと、愛媛労連はすごくあるんですよね。愛媛一般には今治《いまばり》造船の下請け砂田工業の解雇撤回とか地域の大きな支援の中でのたたかいがあって、個人加盟のユニオンとしての影響力は大きい。ＣｏＣｏ壱《いち》（カレーハウスＣｏＣｏ壱番屋）の女性が労働相談から組合に入って討論集会に来ていましたね。全国的なチェーンを捉えてそのブラックぶりを記者会見で明らかにし、影響力をさらに拡大している。

稲葉　今は、さっき話をしたコンビニ労働者を対象にした相談会をどうアピールするかを考えているところ。労働相談の窓口は愛媛労連の労働相談センターがやっています。センターが受けた相談から最終的に組合に加入しての団体交渉が必要になった場合、受け皿は産業別労組か愛媛一般かが問題になりますが、個人加入の労働争議（団体交渉）にすぐ対応できる組合が少ない。結成当時は、労働相談センターと愛媛一般を同じ役員がしていたので、複数化して産別に渡すといった暗黙のルールのようなものもあり、争議も拡大も組合員の定着もすべてを担っていて、しかも、県内すべての地域を網羅しているので、もっとどんどん未組織労働者に組合をアピールしていきたいのに、本当に困っている労働者に手が届いていないという面もあります。

出口　北海道もそうです。ただし、どんどん打って出るところは強い。相談を受けるにも、無期転換、保育士問題、過労死など、より緊急性が高いことや、社会的な問題をその瞬間にテーマとして押し出す。やっぱり待ってるだけじゃ駄目だなと思う。

平野　岐阜は控えめなところがあって、あんまり社会的アピールはしていないんですね。団体交渉はやるんですけど、あまり世論に訴えるということは上手じゃない。労働相談は大事なんですが、僕自身はもう少し相談になる前の段階で必要な知識を身につける必要があるなと思ってます。組合がある職場では一応労働法が建前上は守られてると言われてるけど、広大な未組織のところは違法がまかり通ってる。そういう人たちに向けてどういうふうに訴えていくかが大事だと思っています。

先ほども言いましたが今、青年部で学習会を毎月一回カフェでやっています。組合員だけじゃなくて、カフェのお客さんも来てくれたりけっこうな参加で、お店の人がツイッターで今度こういう労働法の学習会ありますよというと、まったく知らなかった人が「いいですか?」って、参加してくれる。労働組合が古いとかそういうイメージで若者たちが捉えてなくて、むしろ自分の防衛策として、そういう機会があれば気軽に参加できるところであれば参加したいと思ってる。

おしゃれな青年ユニオンのカフェ

寺間　北海道も、お洒落なカフェを青年ユニオンの岩崎唯さんとかがやっていますね。

出口　そうですね。会場から何からこだわってやっていますよね。

原田　社会的には駆け込み寺も重要なので、労働相談から美容師のキャンペーンをして相談から誘発して組織化すると基本的路線としては考えています。ただ、やっぱり担い手をちゃんとつくらないといけない、と。青年ユニオンの財政は「支える会」（主に個人会員からなり、年会費1口6000円）をつくって、そこがかなり協力してくれています。職種別・業種別ってなると、その職種市場、あるいは業種市場ごとに賃金決めたりだとか、抜本的な賃上げができるようになると思うんです。
　もう一つ大事な論点として社会運動との連帯がある。それは担い手づくりのためというのもあるけど、それだけじゃなくて、社会運動としても発展させていかないといけない。特に反貧困の文脈をもう一度掘り出したいと思っています。エキタスもできたし、青年ユニオンもあるし、プレカリアートユニオンもあるし、特に反貧困運動を労働組合、労働問題という軸で新しいネットワークづくりを考えていて、それこそPOSSE《ポッセ》とかとも連携してやりたいなと思っています。やっぱり政権変えましたからね、反貧困の運動は。反貧困のたたかいは労働運動でしょ、ってことに僕は確信をもっているので、それをもう一回やれば安倍政権も落ち込む。新自由主義の攻撃の流れも視野にいれて運動をつくらないといけないと思っています。

寺間　「働き方改革」などに対しても、労働組合だけでない幅広い共闘が求められています。大きな社会的な運動の構築が何としても必要ですね。長時間労働や非正規の待遇改善は本来、労働運動の課題なので、自らが十分取り組まないと、市民に訴える力を持たない。昨年10月の総選挙では市民と野党の共闘は北海道、新潟、東京、高知、沖縄などで前進した。かつては、地域で論争し合ってた労働組合の異なる潮流が改憲を阻止するために共闘へのイニシアティブを発揮したことが大きいと思います。

道労連は学生のインターンシップを受け入れ

出口　原田君が描いている幅広さがうらやましく、見習わなきゃと思いました。北海道の場合、企業内組合でも組合メンバーの若手が、そんな職場のことだけ自分のことだけやったってつまんないということで、外に出て仲間を増やす労働組合運動をもっとやりたいと言っている。
　青年ユニオンであったりユニキタっていう北海道版のそういう安保法制反対のメンバーがいるんですけど、そのコアには労働組合の青年、組合員もいるので、彼らがいろいろ考えて仕掛けをつくり、組合員ではない市民運

平野竜也さん

動の人たちや学生とかを繋ぐ役割を果たしています。社会的な矛盾だとか不正義に対して声をあげる場やアクションを起こせる場があればきっと若者たちはそこに来る。共感して集まってくる人たちが相当数いる。今年で3年目なんですけどインターンシップを道労連で受け入れているんです、大学生の。今年は8人来たんですけど、大体道労連は第3希望とか第4希望とかで来るんですよ。

第1は北海道のニトリとか地場の大きい企業を希望して、ここ駄目でした。で、第3、第4志望で道労連に来るんでモチベーションが低いんですよね。講義前にまずみんな労働組合に対する印象書いてくださいって言ったら、なんか乗り込んでいく人たちとか、大企業だけの人たちとか、ネガティブワードがわあっと出るんですけど、数日間講義し職場訪問して職場で労働組合活動をしている現場の役員と経営者からも話を聞くことでリアルにその労働組合が立体的になって、最終日なんかは「絶対、労働組合のある職場に就職します」「専従ってどうやったらなれるんですか」って。そのぐらい変わる。だから若者が組合離れしてるんじゃなくて、労働組合の私たちが若者とかけ離れた存在になっちゃったんだなということを改めて痛感したんです。先輩たちが積み上げてきたすばらしい実績もある。だから組織変革さえやれば掲げていることは間違っていることをやってるとは思わない、働く人の権利や命を守るという根本的な価値をもっている。とくに若い人たちは敏感で、失敗を恐れずチャレンジしていくんで逆にいつも学ばされています。

平野　やっぱり20代の人たちが元気に青年部の活動なんかしてると嬉しくなるんですね。だからそこで自分ももっとがんばろうと思える。青年を組織化しようという原動力にもなり、それを支援していこうという温かい周りの組合員の気持ちもあって、相乗効果になるんです。いろいろなところで話してるんですけど、合コンをやってくれって言われて企画して、それをやることになったときに初めて若い人たちが産別から来てくれた。それだけでは成立しないから、一般の人たちも参加しようねってところから組合が組合に入っていない人たちを巻き込んでいったっていう経緯がある。

最初のきっかけで労働組合の魅力が分かれば確信にな

っていきますね。最初はやっぱり遊んでたんですよ。勉強しなさいとか運動しなさいってことはあんまり言わなくて、どんどん遊びなさいでやってたんですけど、そのうち運動したい、勉強したいっていうふうに変わっていった。今はもっと遊んでほしい。それでないと、新しい仲間が入ってこないから。裾野を広げようと思うともっと新しい楽しい企画も出しつつ組織を広めていくこと。若い人たちはモチベーションが高いので、岐阜は青年たちが自分たちでやろう、自発的にやろうしているところは運動が楽しみながら発展している。

たたかうことと活動スタイルの変革

寺間　活動スタイルもそうだし、青年たちにフィットするっていうのは非常に大事なことなんだけど、これまで僕らのほうから壁を作ってきたという面もある。原田君から出たような貧困とか格差だよね。貧困の中で青年たちはほんとに苦しい。僕らがその問題に正面から取り組んできたのか。「最賃1500円」で分かるようにそれが可視化され理解されれば猛スピードで接近してきて、青年たちが一緒に活動してくれる。

毎週やってる国会前の脱原発の行動なんかはずっと続いてるわけでしょ。青年たちの中にはやっぱり3・11以降目の前に突きつけられている恐怖っていったらいいのか、リアリティある状況の厳しさがある。それから戦争法反対とか、立憲主義を守る運動が青年の中に整理されていないもやもやした形である。そこに意識的に僕らが関わっていけるかどうかが課題だと思います。

愛媛一般では委員長の近藤真紀さんはリーマンショックの時の全国における派遣切りの中で、今治のハリソン東芝で地域全体の盛り上がりでたたかった。そして、全労連の派遣切りの集会に来て活動家に育って今は委員長になっている。現実にたたかうということと、活動スタイルの変革というのはやっぱり両方必要で、かっこよく、いいフライヤーだけで改革できることでもない。たたかう中でそれができる。愛媛にはその一つの典型があるように思うんですよ。

稲葉　愛媛の中では一番未組織労働者に近いところでがんばっていると思います。だからこそ最初は自分の問題で労働相談にかけこんでくるけど争議を通じて次は自分が他の人のために…という気持ちをどうつくるかが常に課題。けど、実際には組織論まで発展するような議論にはあまりならない。安保法制と原発の話はよく出るけど、労働運動の話はどこいったんやっていうこともある。労働者や組合が抱える課題が置いてけぼりにされてるなあって感じる時もあるんです。もっと組織内で議論していかないとと思う。

社会的運動と地域のたたかい、拠点職場をつくる

寺間　それは、ありがちですね。社会的運動といったとき、職場が面白くなく現実にたたかう人たちが少数孤立してる。一方、地域に出たら仲間がいる。そこで行動することの大切さと、しかし運動の原点として職場を変えなくて世の中変わるの?っていうことがあって、「社会的労働運動に逃げるな」という面がある。だから両方とも必要ですよね。青年ユニオンはどうですか。

原田　職場を変えなくちゃいけないって発想はあんまりもっていないんですよね。青年労働者はかなり流動化してるんで、よく「結局、職場を組織化してないじゃないか」って言われるんですけど、難しいですよね。だからこそ職種別業種別にしないといけないなとなるんですけど、だからって職場の組織化はやらないっていうんじゃなくて、すごく重要視はしてて、拠点職場をつくるイメージですね。団交でも、職場外の人も参加できるような形式にしないといけないし、同じ職場の人も参加できるようにすることであったり、それだったらその職場は少人数でもわっと行けるし、そういう拠点職場みたいなものを作って広げていくのが本来のやり方なのかなあと思ってます。

団交機能も職場横断的な形でやらないといけない。ある程度組織できるような職場を見つけて、そこから社会的に発信していく拠点を作りたいってイメージで、職場を越えるってことの意識が大きいですね。だから社会的な労働運動ばかりに逃げない、例えばエキタスばっかりやってて変わるなんてことは完全にないわけです。ある程度変えられたとしても、やっぱり根本的には職場横断的な前提で労働組合を広げていくということが非常に大事です。だからそういう意味で社会的だけでは駄目で両輪だと思うんです。

「働き方改革」過労死問題と失業補償

寺間　「働き方改革」が社会的に注目されています。安倍政権の狙《ねら》いはズバリ裁量労働制の拡大と「高プロ」であり、裁量労働は不適切データの問題で法案から削除しましたが、どれだけ長時間働いても、企業が残業代支払いの法規制を免れる高度プロフェッショナル制度の創設が盛りこれています。

平野　最近、若い人たちが長時間労働で人手不足もあって仕事を辞めさせてもらえないという相談もけっこうあるんです。長時間労働を解消させる運動をどうつくっていくか、今、ちょっと悩んでいるんです。

これまで受けた相談の中で時に深刻だったのは、以前相談にのった人の弟さんが、もう毎日朝10時から夜中3時まで働いていて、結局精神を病んでしまって、鋏《はさみ》で自分の手首を切って入院してしまった。今度病院で相談を聞くんですけど。なんかそういうことになる前になんとかならなかったかな。精神を病んでしまって、仮にその会社との交渉がうまくいったとしても、その先の人生に高いハードルがたくさんある。そういうことを事前に防止していくような世の中をどうつくっていこうか？　真剣にがんばらなきゃ。どうやったら今の事態を変えられるのかっていうことを、今、一番悩んでいるところです。

この前、息子さんが亡くなられ、過労死だろうという方のお母さんから相談を受けたんだけど、お母さんもいろいろ辛いことがあって、もうこれ以上は労災申請すらしたくないって言う。僕はこの事案だったら労災申請は絶対認められると思うと言ったんだけど。遺族の方々がやることに対する高い壁をどういうふうに乗り越えていくか。亡くなられた例も、その前に長時間労働をなんとかできなかったのか。でも企業はそういうことになってしまっても、はっきりさせないと自分たちの責任だって思わないんですよね。だからなんとか壁を乗り超えて訴えてほしい。

過労死問題は非常にクローズアップされてますけど、企業は全然気をつけようということにはなっていない。安倍政権が成立を狙う「働き方政革」法案を廃案に追いこむことは、大事なたたかいになっていると思います。

原田　そういう論点でいうと抜本的に失業補償を改善す

（進行・助言）寺間誠治さん

る運動をもっと位置づけてやるべきと思っています。失業手当を3ヵ月しかもらえないと、やっぱりブラック企業を転々としないといけないし、やめられない。安心して失業できるようにって運動が必要だなと思います。労働者は逃げにくいですよね、セーフティーネットがないから。それをちゃんとつくれば、過労死の問題とか長時間労働も含めて根本的な解決になる。

　青年ユニオンの組合員も、身の回りもそうだけど、かなり流動化していて、1年とか2年とかで仕事をやめていく人がいるし、ずっと居続ける人がかなり少ないなかで、みんな失業期間があるわけです。でも、ちゃんと探せない中ですぐに次の仕事を見つけなければいけない。この期間を保障してくれれば、苦しみが解消されれば、精神的にも安定するし、ちゃんとした企業を選べる。今に始まったわけではないと思うんですけど、今、特に求められてると思いますし、要求もかなりあるのかなぁと思っていますね。

焦点となっている産業分野　保育、福祉、介護

出口　「働き方改革」のとくに労働時間規制では先ほど言われたように社会的にやっていくことが大事だと思うんですけど、いかんせん企業別組合が主流である現状では、電通の過労死事件でも「それは電通のことでしょう、うちは大丈夫」という考えを抜け切れないため、本気の運動で大合流をつくれない、すごいハードルがあると率直に感じています。北海道の労働局に聞いたところ、36《さぶろく》協定が提出されてる企業はそもそも3割しかない。あとの7割は理屈上1分1秒も残業してませんっていうことになるわけですよね。ここにどう網をかけていくのかが重要です。

　あと、産業的に今ホットトピックがいくつかあると思うんです。以前、埼玉の保育園のプールで保育士さんが数分間目を離したら子どもが死んじゃった事件。あれってどこの保育園でいつ起きてもおかしくない事例だと思うんです。長時間過密労働が背景にあって、保育士の3割が精神的にケアを必要としてるという調査が発表され

てましたけど、それを産別として切り込んで行って、安倍「働き方改革」を潰す運動と拡大が一緒にやれるキャンペーンになる。北海道でいう「総がかり」でそれをやれないかと投げかけています。

原田　福祉や介護の問題、障害者施設の虐待とかの事件。あれは完全に労働問題だと思うんです。福祉分野は社会的にみんな関心があるし、いろんな選挙の課題で住民の要求、関心をきけば、景気と福祉が上位にくる。福祉分野での労働組合運動に取り組み、企業別じゃなくて職種別産業別で連携をちゃんとつくって、社会的な運動としてやればかなり可能性あるなと思いますね。

出口　危険な言い方なんですが…運動団体も労働者、保護者とかも含めて、「いい保育」とか「いい介護」って言葉をよく使うんですけど、あれって結局、労働者を黙らせる言葉にもなっちゃっているんです。ボランティア精神のようなものを強いられる職場じゃないですか。いい介護を、いい保育を…そのためには多少は、っていう。

寺間　「やりがい搾取」ですか。

出口　まさに、そうかもしれません。

平野　今、いろんな福祉の職場に組合づくりのアプローチをしているんですけど、そのことはやはり大事ですね。長時間労働でほんとにいい保育、いい福祉ができますか？　自分のやりがいだけで、いつまでもやるわけではないし、組織自体がこれからどうするのか。やりがいだけを糧にしていてはどこかで限界が来るのだから、やはり組合で制度要求も含めて職場も改善をしていかないと、そこで働きつづけられない、と思います。

出口　エキタスが「保育良くしたいやつ声あげろ」と。いいキャンペーンですよね。

寺間　青年ユニオンは保育が当面の焦点でしたか。

原田　どちらかと言えば介護ですね。介護は制度問題が、大きな課題としてあるから。

平野　最賃が上がると介護報酬はどうなるんですか。それにともなって引き上がるんですか。

原田　介護の報酬改定はまた別の課題ですね。

大学生も学習交流集会に参加
――大学教員との連携は大切

稲葉　四国では「働くものの学習交流集会」（全労連四国地区協＋四県学習協　共催）をやっていて、それに毎年愛媛大学の丹下晴喜《はるき》先生（社会政策）のゼミの学生が参加するんです。その学生が市役所や裁判所に就職したとき全労連加盟の組合に入ったりとか、労働組合との繋がりを卒業してからももってくれてる人たちがいます。

戦争法反対の運動から「スリーピースえひめ」っていう団体ができました。それはほとんど労働組合の若い組合員と愛媛大学の学生などが中心だったんですけど、ふだん組合の青年部活動ではあまり一緒にならない人も集まってデモしたり、学習会したり、宣伝活動したりと、愛媛の中で一世《いっせい》を風靡《ふうび》しました。私ともう一人の女の子はウクレレを演奏するので、歌ってアピールして盛り上がったんです。

さっき私もそうだなと思ったんですけど、やっぱり職場に一人なんです、組合員であっても。問題を抱えていても一人で悩んでいたりとか、だから職場で一人で闘うっていうのは難しいし、組合としても一人で闘えとは提起しづらい。団交しても最終的にはやめざるをえないような展開になったりすると組合の組織も職場に残せない。だからほんとに社会とか地域から職場を包囲するぐらいの問題提起がないと。今は各地でおきている社会運動的な労働運動が地域にもっと広がっていくとよいと思います。

出口　アメリカの運動ではゼミの中で労働運動について教えて、労働組合に繋がって、そこで担い手になっていくというのを聞いた。青年部はもともと大学生とか高校生だった人が入ってきてやる運動でもあるんで、そういう所から若い人たちを戦略的に組織化したほうがよくて、ゼミの先生とも話して意識的に活動家をつくりたいんだと話をつける。そういう先生との連携が大切と思う。

平野　岐阜大学でも労働法の学習やわくわく講座などで協力してくれる若手の先生がいます。

稲葉　ほかにも大学のゼミに招かれて労働相談センターのメンバーが模擬団交をやったことがあって、愛媛新聞に報道されたりしました。

新しい技術と、双方向の学び　SNSの活用、COなどについて

寺間　新しい提起として考えていること、こうしていきたいといったことを、出してくれますか。

平野　なんで労働運動がここまで後退していくのか、団

塊の世代が辞めていくこともあるかもしれないけど、今の組合の運動の弱さはどこにあるのかと考えてみました。

その一つは世の中が便利になっていく過程の中で、労働運動自体も便利な運動に特化していったのがあると思う。以前は資料作るときでもみんなが集まって発送したりする組合活動が当たり前で、幅広いたくさんの人たちが参加していたんです。でも近頃はメールで流せば行き届くし、LINEで用は足りる。結果、組合活動に関心を持たなくなって、「役員の人たちがやれば」ってなってしまう。便利になった組合活動をもう一回原点に帰ってみんなでやろうっていう意思統一がしていける活動にできるかがポイントだと思う。

出口　平野さんの言ってることに半分は同意するけど、半分はどうかなと思うところがある。やっぱり僕たちが好むと好まざるとにかかわらず、SNSは社会的なツールとしてどんどん伸びていくと思うので、そこから繋がり、情報発信をしていく世代は圧倒的に増えていくわけで、これは好きか嫌いかは別にしても対応が求められます。実際に青年ユニオンの最低賃金の集会ではもうビラとかをまかないですよ。ほとんどツイッターとかで発信していて、それだけで成り立っちゃうんです。

平野　もちろんSNSとかを否定するのではなく、むしろ活用しなくてはならないんだけど、組合が役員だけの活動になっていってる中では、今言っているような本当の意味での組合活動の重要な部分が損なわれてしまうというのがあります。

出口　活動家をどう増やすか。知識や考え方の座学と同時に実践的なトレーニングが必要ではないか、その1つにCO（コミュニティオーガナイジング）があります。これがベストではないですが、全労連などが改良、工夫し、もっと活用すべきだと思うんです。

寺間　アメリカの労働運動から学ぶべきことがずいぶんありますね。「レイバー・ノーツ」が労働運動の改革派として隔年で千人規模の集会や労働者教育など様々な活動を行っています。全労連との交流もありますね。原田さん、COの話はどう思いますか。

原田　青年ユニオンでもCOのミニワークショップをやってます。COはアメリカ発で、組織化について理論的体系的に誰でも学べばできる。現実に他の組織では盛り上がっていて新しい運動の1つの流れかな。中身はエキタスなどですでにやってるものだとも思いましたが、一組合員からオルグできるようになることは大事です。全国に広がれば労働運動が変わる可能性があると思います。

平野　うちもCO、何回かやってます。最初「ほんとにそんなことが」って思いましたが、やってみて運動を具体化して目標を積み上げていく、というところで勉強になった。僕が思うのは、これまでの運動って感覚的なものが多くって、それをスポ根じゃないけど根性で頑張ればうまくなる、みたいなところがあったけど、今はオルグも含めて科学的・理論的に技術を高めていきながら、運動をつくり上げていく必要があるんじゃないかと感じています。まだ手探りで、COを受けた人がほんとに運動を発展させているかはわからないんですけど。

出口　ハーバードとか一流大学の学生が半年間かけて学ぶものをワークショップは2日でやる、だから1回で驚くような成果がでるかといえば出ない。もちろん実践が大事です。ただ視点とか考え方とか双方向の組み立て方が参考になります。

稲葉　COじゃないんですけど、青年版オルグ養成講座をしています。青年自身が職場で声かけして組合加入を呼びかけようと最初KJ法（ブレーンストーミング）を使って「組合は何をするのか」とかそれにはどう答えるとか想定問答を作って、最終的には一冊のマニュアルが完成しました。それを活用して青年部でやっていきたい。実際にしてみることが大事だと思うんです。簡単な冊子なんですけどそれをバージョンアップしてこれから継続したらいいなと思います。

双方向の教え方、学び方が大事
東大は無期転換化を実現

寺間　やっぱり双方向の教え方、学び方は決定的に大事ですよね。東京労働学校の「実践・労働法講座」（2017～18年）は基本編と応用編の二本建てにし、応用編のほうを実践にします。今までの講座は一方的に話すのが主流だったのですが、具体的な労働相談などに対応できるものにしています。そこに東大の教職員組合の方たちが参加され、労働契約法の無期転換化について学んで団体交渉に直接生かし、勝利しました。

さっきの平野さんの話、かつてはたくさんの人たちが集まって作業する。だけどそれができなくなって、ネット上でつながりをつくっていくことをどう考えるか。顔を合わせることの決定的な大切さと、SNSで一気にやることとは対立的な関係ではないですよね。北海道の討論集会に行って驚いたのが、講演の中で労働法のクイズをいくつか出す。そしたら青年ユニオンの委員長がクイズを即ツイッターで拡散する。すると話をしてる最中に多数の解答が返ってくる。集会に参加してない人たちにも一気に広がるのをみて、これはすごいなと実感しました。だから、人が顔を合わせてやることと、SNS活用をどう統一させてやっていくかというのが大事な課題ですね。

平野　やっぱり一番大事なのは、そうやって発信していって、受け取る側の気持ちにどんな変化があるかだと思います。例えば大量のビラがきて、ああ、配るのしんどいなと思ってしまうのか、あるいは、その情報がきたことに感動し、これは配りたい！と思うのか。この違いが大きい。さっきのガリ版刷りの話は、その作業が仲間の中で意思統一していく過程だったのだと思います。ツイッターは世論としてみんなが盛り上がる。そこに受ける側の感動もあるし発信する側の感動もある。そこの生きた人間のやりとり、それが印刷でも電子化されても、組合にとってそういう触れ合う心があるかどうかが大事なんだと思っています。

寺間　みなさん、今日はありがとうございました。

インタビュー

医療・介護の現状と課題

寺間　日本医労連の運動についてお話しください。

森田　日本医労連の場合は、賃金・労働条件の改善が課題で、とくに夜勤規制が一番大きいです。診療報酬、介護報酬ダブル改定、医療適正化計画が始まります。医労連が5年に1回行う看護職員の実態調査では3万３０００人超の看護職員から回答を得て、７割が慢性疲労、７割が辞めたいという状況になっています。理由は人手が足りないというのが一番多い。夜勤問題、休日、賃金問題と続きます。介護も同じように辞めたいという理由がだんとつで高いので、労働条件改善と合わせ賃金底上げを図るのが大きな目標になっています。

森田しのぶさん

寺間　仲間づくりや非正規問題でのとりくみはいかがですか？

森田　医療現場、介護現場も非正規職員の数が増えてきています。組織数は9年連続で過去最高には達したんですが、まだ医療・福祉労働者が８００万人いる中での17万数千人では制度政策に影響を与えるような組織ではないということで組織拡大が課題です。大会で3ヵ年計画を立て、20万組織を早期に実現して、それ以上を目指す計画です。

その一つとして18年4月以降は有期雇用から無期転換の申し出ができることを宣伝しながら、非正規の組織化を図っていこうと方針化し、連続学習会なども行い拡大に結びついてきています。

寺間　1年有期を更新している人がいますか？

森田　パート看護師の人とか、嘱託看護師とかいう人がいるんです。非正規雇用に不利益がでないよう目を光らせながら組織化につなげることが大切です。

医療・介護の全国一律最低賃金確立をめざす

森田　賃金の底上げでは全労連の最賃アクションプラン医労連版として、医療介護労働者の全国産別最賃を取り組むところです。

地域別じゃなくて、全国一律の産別最賃に挑戦しようと、厚労大臣に提出して中央審議会を開かせる取り組みなんですが、地域産別最賃の経験をした県の人はそのときの大変さが頭にあるので、「全国一律」の学習に重点を置きながら、やってるところです。

寺間　提起がすごい。産別最賃の確立は運動としてあまりできていないですから。

森田　これも2016年頃から全労連の協力をいただきレクチャーを受け、特定最賃とはどういうものかとか、何度も出せるということで、1年で駄目でも2年目3年目とチャレンジしていく予定です。看護師と介護職員を対象にしますが、介護のところから風穴が開けられる可能性が高いかと思っているんです。そこが進めば看護師も動くので、看護と介護でこれを取り組んで、なんとか全国最賃運動をやっていこうと思っています。

地域最賃と医療福祉の賃金も関連しているんです。この最低賃金、報酬制度の中で働いてる医療や介護のところに地域間格差があっていいんだろうか？　統一しよう、それと合わせて全国一律最賃制確立を全労連が提起しているので、相乗効果での取り組みに挑戦してやっているところです。

寺間　素晴らしい取り組みですよね。それは医療と介護の全国一律産別最賃、初めての。

森田　初めてです。地域最賃は提起しましたけど。介護なり看護なりの最低賃金ができたならば、その他の福祉労働者とか付随する働き方をされてる方のところも影響してくるだろうなと思っています。今、企業全体の最賃を決めてるのって何種類かしかないじゃないですか。

寺間　産業別の特定最賃ですね。

森田　山口県で地域最賃審議会で、特定最賃なくしてもいいとの発言があったというんです。

寺間　それは経営側の一つの狙いですよね。東京はすでにすべての産業で地賃が上回ったため、特定最賃は実質的になくなったんです。地域最賃が上がってるからそれに上積みする必要もないって経営側の主張で、地域最賃の「高い」地方は産業別の特定最賃をなくそうとしている。特定最賃は産業別に決定するものであって、労使のイニシアチブで産業の適正な賃金相場を形成できて、労組のない企業でも賃金水準の一定の参考になるし、その下で賃金を決定すれば底上げにつながり、産業別の横断的賃金決定につながりますね。

森田　山口は高いわけじゃないのに審議会の中でしかも労働者の代表が発言したというので、聞きにいった人たちは唖然《あぜん》としたみたいです。

寺間　地賃は、市場賃金を規制しどんな仕事でもその最低限を保障するものであるのに対し、特定最賃はその産業で働く一人前の労働者の最低限を決めるもので性格が違います。いま、全国一律の特定最賃は、非金属鉱業最低賃金が一件あるのみです。医療・介護は全国一律公的報酬制度のもとにあり、国民の命に直結する問題でもありますから実現すると画期的な制度となるでしょう。

介護にも焦点をあてた取り組み
労働時間の適正把握を要求

寺間　看護師は国家ライセンスで一定の賃金水準だろうというイメージがありますが、しかし現実はそうじゃない。さらに、介護福祉ではヘルパーさん含め労働条件の酷《ひど》さは目もあてられない。

森田　だから最近介護の人たちに焦点を当てており、組合員も増えています。夜勤実態調査も介護のところは別立てで調査をしているんですよ。

寺間　毎年キャラバン行動を実施してますね。

森田　2017年秋闘では、10月9日を回答指定10日を全国統一行動にしました。それで秋に「命守るキャラバン行動」を全県で実施している。県に対しての要請と労働局に対する要請です。

　特に労働局には、2017年1月に厚労省が労働時間の適正把握のためのガイドラインを出しましたよね。これを活用して、更衣時間も労働時間ですよとか、研修とか研究もそうなんですよと、不払い残業をなくさせる取り組みの一つとして、医療・介護の現場を指導してほしいという要請を必ず労働局にもしています。可能なら医師会や看護協会などにも協力要請をしています。

　上司から、「時間外の申請を先輩がつけてないのになんで一年目のあなたがつけるのよ」って、そういうのがあるんです。特に看護現場とか介護のところで。

寺間　そうですね。電通の事件があって、新ガイドラインで「黙示の残業命令」という考え方を出したんですよね。残業やりなさいと言われてないけれども、看護師たちは命を守る仕事だから、そこに患者がいたときに帰れないのは当たり前でしょ。残業せざるをえない状況に置かれる。

森田　この黙示の指示っていうのもわかりにくい問題なんです。この問題はきちんと意思統一したい。看護現場の実態調査の結果、休憩時間がとれない、時間外労働が多い、やりがいがないっていう人ほど辞めたいというのに結びつく。やりがいを持って就職した医療とか介護の人たちが専門職として選んだ仕事をまっとうできるような職場環境を実現するのが目標なんです。それが患者さんとか利用者さんの安全や安心につながる。

寺間　「やりがい搾取」みたいなものがありますね。生きがいと誇りをもって働けることを大切にしないといけないですよね。専門性はそれぞれにあるのに、今は、一つのパイの中で医師の仕事の一定部分を看護師に押しつけている面もある。

森田　辞めたいっていう疲れてる人の分析をしたら、ほんとにやりがいを奪われて身をすり減らしており、片方では介護施設の一部の悲惨な事件とか事故を取り上げ働いてる人のモラルみたいなものが追及され、一部の事件で労働者が白い目で見られるというのは問題があります。安倍「働き方改革」には医師や看護師を増やす視点がありません。ここを要求してたたかっていきます。

エピローグ

私はいま、激しく怒っている。

大手自動車メーカーが改正労働契約法18条の6カ月のクーリング制度を悪用。期間従業員を無期雇用転換しなくても済むよう、社内規則を変更したからだ。これを脱法行為と言わずしてなんと言うのか。

同法制定の背景には08年のリーマンショックが引き起こした「派遣切り」がある。当時、中でも自動車メーカーによるなりふり構わない雇い止めは酷かった。同法は、人々の仕事や住まいを一挙に奪った企業へのレッドカードではなかったのか。これでは、各社とも次に同じことが起きたら、また雇い止めを行うと宣言しているに等しい。

こうした動きは自動車業界に限ったことではない。しかし、同法の無期転換とは正社員化のことではない。契約が有期でなくなるだけで、給与や福利厚生は従来と変わらないケースも多い。同じ会社の仲間が安心して働き続けられるようにするだけのことが、それほどまでに難しいことなのか。

自分の書いた記事で社会をよくしたい――。新聞記者になった当時、私はそんな夢を抱いていたように思う。実際は日々の仕事に追われる毎日で、夢の実現は容易ではないと思い知るのだが、その中でも労働問題については機会や取材先に恵まれたこともあり、コツコツと発信を続けてきたつもりだ。2013年に改正労契法が施行された時、少しは私の記事も役に立ったのかもしれないと思った。私にとっては数少ない「宝物」と言ってもいいような成果が台無しにされるのは、到底許しがたい。

いま、企業などによる無期転換逃れに遭い、雇い止めにされた人たちに取材をしている。もしかすると、同法がなければ、なし崩しとはいえ、今も働き続けることができていたかもしれない人たちだ。彼らのうち何人かが話を聞いているうちに静かに涙を流し始める。悔しさ、不安、怒り――。そして彼らの怒りに寄り添い、ともに理不尽に立ち向かっているのは、本書にも数多く登場した全国のユニオンや労働組合である。

話はそれるのだが、私は韓国ドラマが好きで、最近、「錐（キリ）―明日への光―」というドラマを見た。大手外資系スーパーで起きた解雇問題をきっかけに、従業員たちが労働組合をつくり、順法闘争やストライキなどで会社と闘う姿を描いている。原作はチェ・ギュソクによる実話に基づくウェブ漫画。「錐」というタイトルは、人々が虐げられ続ける社会では、いつか、必ずだれかが、錐が分厚い板を突き破るように、怒りの声を上げてくるはずだ――というエピソードに由来している。

登場人物たちは現実の闘いと同じく多くの失敗と挫折、裏切りに遭い、そして時に勝利の喜びを味わう。主人公は労働組合つくりに奔走するエリート正社員と、民主化運動の活動家だった労働相談所の所長。この所長が夕暮れ時、スーパーの屋上で〝講義〟をする場面がある。彼は解雇の不安に怯え、憤る従業員たちを前にこんなふうに語りかけるのだ。

「人間扱いされていない気分でしょう。そのとおり、あなた方は人間じゃない。奴らにとって我々は紙に書かれた数字でしかない。数さえそろえばいい家畜でしかない。人は怒りも反撃もしない相手は怖くない。人は相手を恐れるから尊重する。人は奪われたら怒り、殴られたら立ち向かうものだ」。

だから、私はいま、激しく怒っている。

（藤田和恵）

編著者

藤田和恵　ジャーナリスト

北海道新聞社会部記者を経て2006年よりフリーランス。労働、福祉問題を中心に幅広い取材活動。『民営化という名の労働破壊』(大月書店)、『ルポ　労働格差とポピュリズム』(岩波ブックレット)、『公共サービスが崩れていく』(かもがわ出版)

寺間誠治　労働者教育協会・常任理事

全労連元政策総合局長。『「働き方改革」という名の“劇薬”—労働者本位の働くルール確立を』(学習の友社、共著)、『労働運動の新たな地平』(かもがわ出版、共編著)、「労働組合の社会的責任と社会運動ユニオニズム」(『社会変革と社会科学』昭和堂) など

執筆者

上野邦雄　国公労連を経てフリーの機関紙ライター

木下芳宣　全労連教育宣伝局長を経てフリーの機関紙ライター

坂本誠一　国公労連を経てフリーの機関紙ライター

西岡健二　自治労連機関紙編集長を経てフリーの機関紙ライター

座談会

稲葉美奈子　愛媛労連・愛媛一般労組・書記長

出口憲次　北海道労連・事務局長

原田仁希　首都圏青年ユニオン・委員長

平野竜也　岐阜県労連・事務局長

(インタビュー参加)

森田しのぶ　日本医労連・中央執行委員長

(進行・助言) 寺間誠治

UNITE！　そうだ労組、行こう。

2018年5月30日　初版発行　　定価はカバーに表示

藤田和恵、寺間誠治　編著

発行所　学習の友社

〒113-0034　東京都文京区湯島2－4－4

TEL 03(5842)5641　FAX 03(5842)5645

振替 00100 6-179157

印刷所　光陽メディア

ISBN978－4－7617－1030－9　C0036